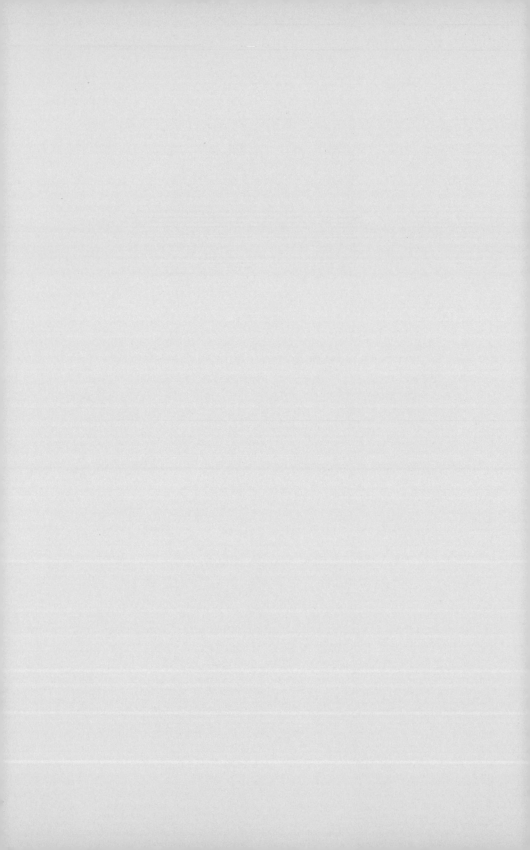

크게 생각하는
사람이 크게 이룬다

크게 생각하는 사람이 크게 이룬다

초판 1쇄 2021년 04월 27일

지은이 박가람 | **펴낸이** 송영화 | **펴낸곳** 굿웰스북스 | **총괄** 임종익

등록 제 2020-000123호 | **주소** 서울시 마포구 양화로 133 서교타워 711호

전화 02) 322-7803 | **팩스** 02) 6007-1845 | **이메일** gwbooks@hanmail.net

© 박가람, 굿웰스북스 2021, *Printed in Korea*.

ISBN 979-11-91447-18-7 03190 | **값 15,000원**

크게 생각하는
사람이 크게 이룬다

박가람 지음

굿웰스북스

프롤로그

오늘도 나는 **크게** 생각한다

"어떻게 하면 너처럼 일이 잘 풀릴 수 있어?"
"어떻게 그렇게 어려운 일을 쉽게 해낼 수 있어?"

내가 지난 몇 년간 이루어온 것들을 보며 많은 사람이 나에게 물어봤다. 말만 하면 뚝딱 해내는 내가 신기하다고 했다. 나에게 연락을 잘 하지 않았던 사람들이 SNS를 보고 하나둘 연락하기 시작했다.

꿈과 목표를 설정한 이후부터는 나 자신에게만 집중하느라 다른 사람들의 시선이나 인생에는 전혀 관심이 없었다. 그래서 지난 몇 년 동안 주변 지인들에게서 나는 사라졌었다. 그런 내가 오랜만에 모습을 드러내니

기다렸다는 듯이 나에게 연락이 왔고 그동안 나의 삶에 대해 물어왔다. 내가 원하는 꿈들을 하나씩 이룰 수 있고 현재 이루어갈 수 있었던 것은 단 하나의 결심 때문이었다. "내가 원하는 생각을 하자, 사는 대로 생각하는 사람이 되지 말자."라는 결심이다. 여태까지는 내 현실 속에 맞춰 사는 대로 생각하며 살아왔던 것이었다. 그래서 내 삶이 만족스럽지 못하다는 사실도 알게 되었다.

원하는 삶을 생각하면서도 현실 앞에서는 바로 무너져버리는 것이 꿈이었다. 많은 사람이 잠시나마 꾸는 꿈도 현실의 많은 문제 앞에서는 그냥 지나쳐버릴 것이다. 현재 나의 환경에서 그것이 가능할 것이라는 희망과 믿음이 없기 때문이다.

나는 지금 드림석세스 멘토로 활동하며 인생을 완전히 변화시킬 수 있었던 방법들을 많은 사람에게 알려주고 있다. 생각보다 너무 쉬운 방법이 있었는데 아무도 가르쳐주지 않아 많은 시간을 헤매며 고통 속에 살았다. 사는 대로 내 생각을 맡겨둔 채 나의 20대의 절반을 우울증으로 날려버렸다. 나는 그 시간이 너무 안타깝다.

누군가 나처럼 알려주는 사람이 있었더라면 지금 내가 어떠한 위치에 있을지 너무 궁금하다. 다행히 그 해답을 많은 책에서 찾았고, 30대에 나의 인생을 변화시킬 수 있었다.

지금도 많은 사람이 인생을 변화시키고 싶어 한다. 직장을 다니며 틈틈이 자기계발을 하고 자신의 꿈과 목표를 위해 한 걸음씩 나아가고 있다. 나도 그들처럼 꿈과 목표를 설정하고 달려나가면서 많은 시행착오를 겪었다. 그리고 결국 이루어낼 수 있는 가장 중요한 방법을 알게 되었다. 이것은 여러 시행착오를 겪으며 나의 경험에서 터득한 방법이었다.

나는 특별한 재능을 가진 사람이 아니다. 평범한 사람인 내가 성공을 위해 여러 도전을 하고 실패를 겪으며 다시 일어나는 과정들을 반복하면서 알게 된 방법들이다. 이것은 대부분 사람이 겪을 수 있는 일들이다. 그래서 꿈과 목표를 향해 달려가는 사람들에게 나와 같은 시행착오를 겪지 않고 조금 더 쉽게 꿈을 이룰 수 있기를 바라는 마음으로 이 책을 쓰게 되었다.

돈보다 시간이 중요하다는 것을 꿈을 하나씩 이뤄가며 깨달았다. 시간이 즉 돈이라는 것도 말이다. 많은 사람에게 이것을 꼭 얘기해주고 싶다. 예전의 나 또한 돈을 아끼고 시간을 많이 쓰는 쪽을 선택했다. 그렇다면 돈이 풍족해야 하는데 오히려 돈은 점점 사라졌다. 그리고 내 시간은 점점 더 사라지기 시작했다. 돈과 시간이 모두 없어지는 그 순간 깨닫게 된 것이다. 그때는 나의 몸과 정신이 이미 지칠 대로 지친 상황이었다.

나는 매년 새로운 도전을 하고 그 속에서 한걸음 더 성장하고 있다. 이제는 도전이 두렵지 않고 재미있다. 내 인생에 또 어떠한 기회가 나타날지 기대가 된다.

그리고 하나씩 이루어낼 때마다 느껴지는 성취감은 나를 더 앞으로 나아가게 하는 원동력이 된다. '내가 나를 완전히 믿고 원하는 생각에 집중해서 하나씩 도전하는 것', 이것이 바로 내가 두려움과 망설임 없이 꿈과 목표를 향해 꾸준히 달려가는 비법이다.

내가 나를 믿기에 반드시 해내리라는 것도 잘 알고 있다. 이것은 여러 번 도전하고 꿈을 하나씩 이루어낸 것들이 쌓인 결과이다. 그때의 성취감들이 쌓여 더 단단해진 나를 만들었다.

꿈을 이루어가는 과정에서 나는 내가 원하는 생각에만 집중한다. 어떠한 역경과 고난이 그 과정에 있더라도 내가 이룰 그 결과만 생각한다. 역경과 고난 속에 빠져 생각하지 않는다. 그 속에 빠지면 다시 나오기가 너무 힘들다는 것을 나는 알고 있다.

물론 이 모든 것들이 하루아침에 바뀌지 않는다. 생각하는 방법을 배우고 하나씩 실천해가며 단단하게 쌓아가야 한다. 그러면 어느새 내가 원하는 생각만 하는 나의 모습을 발견하게 될 것이다.

드림석세스 멘토로 활동하면서 나는 많은 사람에게 생각 공부에 대해 교육하고 있다. 우리는 수능시험을 잘 보기 위해 십 년을 넘게 공부해왔다. 그런데 생각을 하는 방법에 대해서는 아무도 알려주지 않았다. 그래서 많은 사람이 자신이 제대로 생각하고 있는지 모른 채 살아가고 있다.

삶의 역경과 고난이 왔을 때 많은 사람이 이겨내지 못하고 포기하는 일들도 이 때문이다. 오늘부터 당신도 제대로 생각하고 있는지 한번 살펴보길 바란다.

그것을 인지하고 하루를 살아가는 것만으로도 훨씬 생산적이고 발전적인 하루를 살아가게 될 것이다. 생각보다 많은 시간을 쓸데없는 생각으로 보내고 있다는 것도 함께 깨닫게 될 것이다.

하루빨리 그것을 알아차리고 쓸데없는 생각을 걷어내라. 그리고 그 자리에 내가 원하는 생각들을 채워 넣어야 한다. 이것 하나만으로도 당신이 꿈꾸던 모든 것들을 이루어낼 수 있다.

나는 나의 책을 통해 많은 사람이 자기 생각을 다시 한 번 돌아보고 꿈에 도전할 수 있기를 바란다. 누군가에게는 인생을 변화시킬 기회가 되길 진심으로 바란다.

이 책의 출간에 아낌없는 도움을 주신 분들에게 감사함을 전하며 그들의 삶에 풍요와 축복이 가득하길 바란다. 나의 이야기를 책으로 낼 수 있도록 기회를 주신 김도사, 권마담님께 감사드린다. 그리고 지금의 나를 있게 해주신 사랑하는 부모님, 언제나 나의 꿈을 믿고 지지해주신 엄마, 아빠에게 존경과 사랑을 보낸다. 늘 든든하게 나의 옆을 지켜주는 사랑하는 두 여동생 시원, 규리에게도 감사함을 전한다. 마지막으로 나를 믿고 늘 응원해주는 나의 남편과 나의 반려견에게도 감사 인사를 전한다.

목차

2장 생각만 하기는 쉽다 이제 **행동하라**

1장

나는 매일 어떤 생각을 하는가?

01

나는 매일
어떤 생각을
하는가?

내가 무슨 생각을 하며 살아가는지 한 번이라도 생각해본 적이 있는가?

나는 매일 내가 지금 무슨 생각을 하는지 체크하며 하루를 보낸다. 물론 나도 처음부터 내 생각을 체크했던 것은 아니다. 내가 무의식적으로 하는 생각을 체크해야 하는지 생각조차 하지 못한 채 살아왔다.

나의 머릿속에는 하루 종일 많은 생각이 자리하고 있다. 오늘 해야 할 일에 대한 생각, 오늘 내야 할 돈에 대한 생각, SNS에서 봤던 예쁜 옷에 대한 생각, 학생이 일으킨 문제를 해결하는 방법에 대한 생각 등등 하루에도 수백 가지의 생각들이 내 머리를 스쳐 지나간다. 그래서 내가 편두통을 자주 앓는가 보다. 이렇게 많은 생각을 내 머리가 버텨내다니 정말 대단할 뿐이다.

내가 종일 하는 생각들을 점검해보면서 굳이 하지 않아도 되는 생각들이 대부분 자리 잡고 있다는 것을 알게 되었다. 그리고 언제 스쳐 지나갔는지 모르는 생각들도 너무 많이 하고 있다는 것 또한 알게 되었다. 나뿐만 아니라 대부분 사람이 이렇게 많은 생각을 하며 하루를 보낼 것이다. 그러니 하루가 끝나는 퇴근길에 녹초가 되는 것은 어쩌면 당연한 결과일 것이다. 오늘 하루 나의 수백 가지 생각들을 이겨내준 나의 뇌에 감사해야 한다.

나는 아이들의 영어를 가르치는 어학원을 운영하고 있다. 그렇다 보니 하루 종일 긴장의 끈을 놓을 수 없다. 긴장 속에서 업무를 하다 보니 퇴근을 하면 침대로 들어가 아무것도 하지 못할 정도로 녹초가 되어버린다.

최근에는 영어유치원을 확장해서 더욱 긴장 속에서 하루를 보내고 있다. 수업에 집중을 못 하는 아이, 친구들을 괴롭히는 아이, 몸 상태가 안 좋은 아이 등 다양한 일들을 해결하기 위해 내 머리는 하루 종일 많은 생각들로 가득 차 있다. 이렇게 즉각적인 해결이 필요한 상황에서 잘못된 판단이 나에게 큰 폭풍을 가져다줄 수 있기 때문에 평상시에 생각을 관리해야만 한다. 그렇지 않으면 내가 힘들게 쌓아온 모든 것들이 한순간에 무너질 수도 있다. 그래서 나는 생각들을 관리하기 시작했다. 머리가 너무 과부하 상태가 되면 올바른 판단을 할 수 없으므로 우선 매일 아침 머리를 상쾌하게 비우고 출근을 할 수 있어야 한다고 생각했다.

내가 생각을 관리하기 위해 가장 먼저 했던 것은 명상을 통해 머리의 생각들을 비워내는 것이었다. 어제 있었던 안 좋은 일들이나 신경을 많이 썼던 사건들을 머릿속에 둔 채로 새로운 하루를 시작할 수 없었다. 그것에 더해져 오늘의 일들에 따른 생각들이 겹쳐지면 여유롭게 사고하고 판단할 수 있는 공간이 없을 것 같았다.

그래서 매일 아침 제일 먼저 일어나서 하는 일이 머리와 마음을 비우는 명상으로 하루를 시작한다. 머릿속의 생각들과 마음속에 남아 있는 감정들을 다 밖으로 내보낸다. 그리고 그 공간에 내가 원하는 생각들과 긍정적인 감정들을 넣어준다. 그러면 하루를 시작하면 개운하게 시작할 수 있고, 긍정적인 에너지들을 가득 채워두면 부정적인 사건이 일어나도 그것이 감정으로 남아 있을 공간이 없다. 그래서 마음을 다치는 일이 줄

어든다.

나는 하루에도 수십 개의 일을 처리한다. 사람들은 어떻게 그렇게 많은 일을 할 수 있냐고 물어본다. 즉각적으로 결정해야 하는 일들이 많은 편이다 보니 쓸데없는 생각에 빠지지 않으려고 노력한다. 예를 들어 쉬는 시간 잠시 둘러본 SNS의 어떤 사람에 대해 생각하거나 판매하는 물건을 살지 말지 고민한다거나 그들이 제품을 팔기 위해 이용하는 라이브 방송 등을 보지 않는다. 그것은 모든 일을 다 마치고 나서 자유시간을 이용해 살펴보는 편이다.

쉬는 시간에 잠깐 살펴본 그 제품에 대한 고민을 시작하면 나의 머리는 그것을 구매하기 전까지 고민에 휩싸여 있을 것이다. 정말 중요한 생각을 해야 하는 순간조차도 그 고민이 머리 한쪽에 자리 잡아 방해를 하는 것이다. 그래서 업무를 하는 동안에는 잠시 여유가 생겨도 SNS를 하지 않으려고 노력한다.

가끔 지하철이나 버스를 이용할 때가 있다. 사람들을 지켜보면 대부분의 사람들이 핸드폰만 쳐다보고 있다. 메시지를 계속해서 주고받거나 유튜브 영상을 보거나 SNS 속의 사람들의 일상을 보거나 각기 다양한 것들을 하고 있다. 직장인들의 평균 출퇴근 이동시간은 30분~1시간 내외로 대부분 핸드폰을 사용하여 무엇인가를 끊임없이 한다.

하루를 많은 업무와 생각 속에 시달리다 자유의 몸이 되는 퇴근 시간 마저 또다시 머리에 생각 거리를 집어넣고 있다. 맛있는 음식을 먹는 시식 방송을 보고 있다면 집에 가서 먹어봐야겠다는 생각을 시작할 것이고, 인플루언서가 판매하는 제품의 라이브 방송을 보고 있다면 어떠한 색상과 크기를 해야 하지 고민을 하는 생각을 시작할 것이고, 생각의 꼬리를 물고 나의 머리에 파고들 것이다.

나 또한 이전에는 운전하는 동안 라이브 방송을 보거나 유튜브를 켜두고 그곳에서 나오는 내용을 듣고 생각하며 운전을 했다. 운전을 하는 순간까지도 운전에 집중하지 못하고 생각거리를 만들고 있었다. 요즘은 되도록 혼자 있는 시간에는 생각하지 않으려고 노력한다. 운전을 할 때도 음악을 틀거나 오디오북을 듣지 않는다. 아무 생각하지 않고 하늘의 구름을 보거나 나무들을 보며 그 순간순간을 느끼려고 노력한다.

학원에서 업무를 보다가 휴식 시간이 생기면 눈을 감고 호흡을 하고 가벼운 명상을 하며 머리를 비우려고 한다. 이렇게 중간에 머리와 생각을 비우는 활동을 하고 나면 더 다양한 사고를 할 수 있게 되고 아이디어가 떠오르는 경우들이 많다.

많은 사람이 종일 업무에 시달리며 스트레스 속에 살아갈 것이다. 스트레스를 풀기 위해 취미생활을 하거나 운동을 하기도 한다. 하지만 한 번 쌓인 부정적인 생각들과 스트레스는 줄어들지 않는다. 내 머릿속에 남아 계속 꼬리에 꼬리를 물고 생각이 부풀려지기 때문이다. 그것 때문에 좀처럼 긍정적인 생각을 하기가 어렵다.

나는 '사람은 생각하는 대로 살아간다'고 생각한다. 이전의 나의 인생을 돌아보면 정말 딱 그때의 생각대로 살아갔었다는 생각이 든다. 지금의 나의 모습도 과거에 생각한 것대로 현재를 살아가고 있는 것이니 항상 생각의 상태를 살펴본다. 내가 지금 어떤 생각을 하고 있느냐에 따라 앞으로 나의 미래가 결정되기 때문이다

그래서 되도록 내가 원하는 생각만 하면서 살아가려고 노력한다. 내가 원하지 않는 생각들로 머리를 가득 채우면서 힘들어하고 싶지 않다. 지금 당장 이루어지지 않더라도 생각만 해도 기분 좋아지는 그런 생각들만 가득 채워놓고 싶다. 그것이 나의 미래의 모습이 되기 때문이다.

바쁘다는 핑계로 당신의 머릿속 생각들을 점검하는 것을 미루거나 놓치지 마라. 그러면 당신의 인생에서 가장 소중한 것을 놓치는 것과 다름이 없다. 내가 무슨 생각을 하며 살아가느냐에 따라 나의 인생의 방향과

크기가 결정된다. 이것은 많은 성공학책에서 하는 말이다. 당신이 만약 꿈과 목표를 가지고 그것을 향해 달려가고 있는 사람이라면 지금 당장 내가 하는 생각을 점검해봐야 한다.

02

크게 이루려면
크게 생각해야
한다

"엄마, 다시 부산으로 내려갈까? 아니야, 그냥 엄마 보고 싶어서…."

엄마와의 전화를 끊고 또 한 번의 눈물을 흘렸다. 20살, 나는 서울로 대학을 진학했다. 첫째 딸이 타지에서 고생할까 강남 한복판의 비싼 월세의 오피스텔을 얻어주고, 매월 100만 원의 용돈과 내가 필요한 물건은 일명 엄마 카드로 구매하며 호화로운 서울 생활을 했다.

처음 대학교 입학을 위해 상경했을 때 나는 큰 꿈을 꾸고 다짐했다. 대한민국 최고의 여배우가 되겠다고 말이다. 최고의 여배우가 돼서 많은 돈을 벌고 싶었다. 딸을 위해 희생하시는 부모님께 자랑스러운 딸이 되고 싶었고, 부자가 되어 부모님께 효도하고 싶었다.

그동안 나 때문에 누리지 못했던 생활을 충분히 누리시라고, 당당하게 말하고 싶었다.

입학 후 꿈을 이루기 위한 도전을 하며 부딪히고 또 부딪혔다. 늘 부모님께 말하면 다 이룰 수 있었는데, 여기서는 마음대로 되는 게 없었다. 내가 가고자 하는 그 길이 정말 멀고 험하게 느껴졌다. 그래서 매일 밤 엄마에게 전화를 걸었다. 엄마의 목소리를 들어야만 버틸 수 있었기 때문이다.

어릴 적 부모님은 건축업에 종사하시며 자수성가를 이루셨다. 아빠는 하루도 쉬는 날이 없었고, 공사장에서 직원들과 함께 열심히 일하셨다. 어느 정도의 부를 이루셨을 때도 아빠는 늘 몸이 부서져라 직접 일을 하셨다. 엄마는 아빠의 사업을 도와 조명 가게를 운영하시며 매일 가게 문을 열고 장사를 하셨다. 엄마, 아빠에게 주말은 없었다. 두 분의 목표는 단 하나였다. 우리 자식들이 하고 싶은 일을 하려 할 때 도와줄 수 있는 부모가 되자, 힘들 때 기댈 수 있는 부모가 되자, 자신들의 희생은 중요치 않았다. 두 분에겐 자식이 전부였다. 나에게 엄마, 아빠는 너무나도 성실하고 진실하고 열심히 사시는 분들이었다. 그래서 나는 어릴 때부터 큰 돈을 벌고 싶고, 너무도 성공하고 싶었다. 지금은 자식들 때문에 희생하고 있지만, 내가 어른이 되면 부모님들께 좋은 것들만 다 해드릴 수 있는 자랑스럽고 든든한 큰딸이 되고 싶었다.

연기자의 꿈은 내가 성공하기 위한 유일한 방법이었다. 3년 내내 입시를 준비하며 다른 인물이 되어 그 감정을 연기하는 것이 즐겁고 좋았다. 평상시에 화를 내지 못하는 성격 탓에 꾹꾹 참아왔던 것들을 표출할 수 있는 유일한 시간이었다. 어릴 적 내성적인 성격 탓에 발표 한번 하지 못했었다. 그래서 감정을 잘 표현하지 않았고, 주변에서는 늘 착하고 야무진 아이로 인식되었다. 그러던 어느 날 나에게도 사춘기가 찾아왔다. 같은 학교를 다니던 친구가 연기 학원에 다니고 있었다. 호기심에 따라갔고, 즉석에서 테스트를 보았다. 테스트를 하며 다른 사람의 감정을 연기하는 것에 큰 매력을 느꼈다. 엄마를 설득해 내 성격을 고치는 정도로만 연기 학원에 다니기 시작했다. 엄마는 연기자의 꿈을 가지게 될까 큰 반대를 하셨다. 쉽지 않은 길임을 알고 계셨기 때문이다.

대학 생활을 하며 많은 오디션을 보러 다녔다. 드라마, 영화, 광고 등 오디션 장소에 가면 내가 너무 작아질 정도로 활동을 하고 있는 배우들도 오디션을 보러 와 있었다. 오디션을 보러 다니면 다닐수록 자신감이 떨어졌다. 나의 장점보다는 단점을 더 많이 이야기하는 사람들 속에 있다 보니 내가 너무도 못나 보였다. 그래서 더 예뻐지고 싶었다. 아무도 단점에 대해 이야기를 할 수 없도록 달라지고 싶었다.

그래서 다이어트를 해야겠다 결심했다. 그 당시 날씬한 편에 속했지만 오디션에 가면 늘 다이어트 이야기를 했다. 그래서 무리할 정도로 먹지 않고 살을 뺐다. 살만 빼면 오디션에 통과할 것 같았고, 바로 길이 열릴 것이라 생각했기에 배고픔 정도는 참을 수 있었다. 그렇게 잘못된 방법으로 한 달 만에 10kg을 감량했고, 38kg라는 몸무게에 도달했다.

살이 빠질수록 내가 점점 예뻐 보였다. 그러나 머리카락이 빠지고, 생리가 멈췄다. 건강에 적신호가 오기 시작한 것이다. 이 모습을 알게 된 엄마는 서울로 올라오셔서 나를 곧장 병원에 데리고 갔다. 의사 선생님은 지금부터 음식을 먹지 않으면 죽는다고 했다.

거식증이라는 진단을 받은 것이다. 앙상한 나의 모습을 보고 엄마는 펑펑 울었다. 도대체 무엇이 너를 이렇게 만들었냐고, 한참을 나를 잡고 울었다. 그리고 난 이후 나는 엄마의 설득에 함께 부산으로 내려왔다.

부산에서 나는 건강과 꿈을 다시 찾기를 희망했다. 엄마와 산에 다니며 마음을 다잡으려 노력했다. 하지만 음식을 먹기 시작하니 다시 살이 붙기 시작했고, 점점 내 모습이 싫어졌다. 꿈을 포기한 모습도 너무 싫었다. 그 이후 나에게 폭식증과 우울증이 찾아왔다. 그 모습을 보는 가족들 모두가 지쳐갔다. 그렇게 모두 힘든 1년을 보냈다. 무엇을 할지 밤새 고민했다 아침이 되면 다시 그 생각을 허물었다. 매일 제자리걸음을 하며 나는 이 세상을 포기하고 싶은 마음의 단계까지 찾아왔다. 꿈을 그리다 보면 현재 내 현실이 보였다. '지금 이 현실에 어떻게 해?'라는 생각이 나를 발목 잡았다. 나를 앞으로 나아가지 못하게 했다. 그렇다고 현실에 맞게 살고 싶지도 않았다. 나는 성공하고 부자가 되고 싶었기 때문이다.

엄마는 나의 꿈을 다시 찾아주려 나를 데리고 명상센터를 매일 함께 다니고, 좋은 책을 읽히려 돌아오는 길에는 늘 서점에 들러 함께 책을 읽었다. 나에게 삶의 의지를 가질 수 있도록 용기를 주셨다. "엄마는 너가 대단한 사람이 될 것이라고 늘 생각해. 그래서 이렇게 젊은 청춘에 마음 아픈 일들을 겪는다고 생각해."라고 매일 말해주셨다. 엄마의 말에 나는 점점 희망을 찾아갔다. 명상, 독서를 하며 나를 찾아가기 시작했다. 어두웠던 내 인생이 점점 밝은 빛으로 가득 차는 듯했다. 이제 무엇이든 할 준비가 되었다.

"교육 프로그램 설명회에 가보지 않을래?"

어느 날 엄마의 지인분이 나에게 교육 프로그램 설명회를 한번 들어보라고 추천해주셨다. 나는 꿈을 새로 세팅하는 시기였기에 망설임 없이 설명회에 참석했다. 그 설명회가 결국 인생을 바꾸어주는 계기가 되었다. 설명회를 듣고 시작하면 곧장 대박이 날 것이라 생각이 들었다. 가슴이 설레고, 행복감이 밀려왔다. 무엇이든 다 해낼 수 있을 것 같은 마음이었다.

큰 꿈을 안고 교습소를 오픈하기로 마음먹었다. 큰 아파트 상가에 첫 영어 교습소를 오픈하게 되었다. 그렇게 대박이 날 것 같은 교습소는 큰 아파트 단지 속에 있음에도 불구하고, 10명의 학생으로 거의 일 년을 버틸 정도로 점점 운영이 어려워졌다. 하지만 포기할 수 없었다. 교습소의 적자 운영을 부모님의 사비로 채워주고 계셨고, 그 무렵 부모님의 사업도 기울기 시작하며, 여러 군데에 부채를 가지게 되셨기 때문이다. 그 돈을 갚기 위해선 그만둘 수 없었다. 그때부터 나는 이를 악물었다. 어디로도 피할 수 없었다. 나 때문에 모욕적인 말들을 듣는 부모님을 더이상 볼 수 없었다. 그렇게 마음을 다시 다잡기로 했다.

매일 아침 명상을 하며, 내가 읽었던 책들에 나온 긍정 확언들을 따라 했다. 그리고 이루고 싶은 목표를 매일 아침 100번씩 큰소리로 외치고 출근을 했다. 출근을 해서 조용히 의자에 앉아 아이들이 등록하기 위해 줄을 서는 모습을 매일 상상했다. 현재의 상황과는 정반대였지만 매일 상상을 하며 점점 현실인 것 같은 느낌이 들기 시작했다. 그렇게 마인드 세팅을 새롭게 하고 생각을 바꾸기 시작하니 곧바로 행동으로 이어졌다. 그동안 하지 않았던 아파트 단지에 학원을 홍보하려 전단지를 붙이고, 기존 학생들을 더 철저히 관리하기 시작했다. 그렇게 학원은 입소문을 탔다. 결국 6개월만에 더 큰 곳으로 이전하게 되었다.

그리고 1년 후 나는 학원의 아이들과 함께 2년 동안 미국의 여러 곳으로 스쿨링 캠프를 떠나고, 작년 싱가포르 캠프를 떠나기 전 학원을 상가 전체 건물로 이전하게 되었다. 그리고 얼마 지나지 않아 대형 어학원의 원장으로 거듭났다.

만약 우울증을 겪었던 때의 작은 생각으로 계속해서 지냈다면 꿈도 희망도 없이 현실에 맞는 회사에 취직하고 과거를 놓지 못하여 후회만 가득한 삶을 살았을 것이다. 내가 원하는 것들을 빠른 시간 안에 이룰 수 있었던 것은 내가 특별히 운이 좋아서가 아니다. 위기 속에서 생각 하나 바꿨을 뿐이다. 내가 생각한 것은 현실이 된다고 믿었을 뿐이다. 그리고 그 믿음을 실행했을 뿐이다. 정말 간단한 것을 나는 많은 위기를 겪고 깨닫게 되었다. 하지만 이제 나는 그 비법을 알고 확신한다. 지금이라도 알게 되어 감사하고 또 감사하다. 나는 아직 꿈 많은 30대이니까….

많은 사람들이 매년 새해 버킷리스트를 쓴다. 하지만 곧 현실에 타협하며, 버킷리스트에 쓴 것과는 다르게 매년 별다를 바 없는 한 해를 보낸다. 이루지 못한 핑계들은 수없이 많다. 하지만 사람들에게 강력하게 말해주고 싶다. 현실을 살아가다 보면 버킷리스트를 이루지 못하는 위기상황들이 누구나 온다. 그것을 이루어내는 것의 차이는 그 위기를 받아들이고 앞으로 나아가는 생각의 차이다. 현재 내가 처한 상황에 빠져 생각하지 말고 이룰 것에 더 많은 생각과 에너지를 쏟아라. 장담컨대 원하는 일과 수입, 좋은 집과 좋은 차, 가지고 싶은 모든 것들을 가지게 될 것이다. 나의 20대와 30대의 삶은 완전히 다르다. 가지고 있는 생각도 완전히 다르다. 생각의 변화가 모든 것을 마음먹으면 이룰 수 있는 나로 만들었다. 되돌아보면 20대에도 대한민국 최고의 여배우가 되겠다는 큰 생각을 했다. 하지만 현실 속에서 위기의 순간들이 올 때마다 나의 생각은 점점 작아졌고 결국 포기하게 되었다.

만약 당신이 나의 20대처럼 자신 안에 갇혀 현실에 타협하는 생각들에 익숙하다면 지금 당장 바꾸어라. 내가 원하는 것에 대해서 더 많이 생각하고 지금의 현실과는 다른 최고의 삶을 누릴 것이라고 생각해라. 크게 이루려면 계속해서 크게 생각해야 한다.

03

원하는 대로
생각하지 않으면
사는 대로 생각하게 된다

하루 종일 오디션을 보고 돌아오는 지하철에서 나는 한숨을 몰아쉬었다. 매일 오디션이 끝나고 나면 늘 하던 생각이 있다.

'이번에도 떨어지면 어쩌지? 더 살을 빼야 하나? 연기를 더 잘해야 하나? 나는 뭐가 문제지?'

오디션의 결과와 상관없이 끝나고 나면 늘 후회와 걱정이 앞섰다. 주변에서 오디션 합격 소식을 들을 때마다 마음은 더 조급해졌다. 그리고 점점 자신감을 잃어갔다. 부정적인 생각들은 밤을 새도록 머릿속을 뒤덮었다. 밤새 생각하다 눈을 뜨면 다시 생각했다. '내가 원하는 결과는 생각하는 것과는 정반대인데, 왜 나는 원하지 않는 생각들로 내 머릿속을 뒤덮는 것일까? 왜 안 되는 것만 생각하지?'

'내가 너무 부정적인 사람인 것은 아닐까?' 반복되는 생각들을 하고 있는 나를 알아차렸다. 그것도 잠시일 뿐 긍정적인 생각들은 결과가 좋기 전까지 절대 할 수 없었다. 밤새 했던 생각들 때문에 매번 오디션에서 실수를 하거나 사고가 일어나는 등 계속 실패하고 말았다. 그렇게 나는 사는 대로 생각하는 습관이 굳어져버렸다.

우리 모두는 잠재의식을 가지고 있다. 잠재의식은 우리의 내면 속에 있어 겉으로 드러나지 않는다. 잠재의식은 내가 태어났을 때부터 듣고, 경험하며 느낀 감정과 생각들이 모두 저장되어 있는 곳이다. 우리는 어릴 때부터 '해도 된다.'라는 말보다 '하면 안 돼.'라는 말을 더 많이 듣고 자랐다. 가정에서도 학교에서도 해야 되는 이유가 아닌 하면 안 되는 이유로 부모님과 선생님께 설득당했다. 이러한 경험들은 우리의 잠재의식 속에 확고히 굳혀져 성인이 되어서도 계속 이어져 생각한다.

주변 지인들만 보아도 어떠한 결정을 할 때 잘된다는 생각보다는 걱정들로 가득하다. '안 되면 어쩌지?', '돈이 없으면 어쩌지?' 부정적인 생각을 먼저 하게 된다. 그리고 걱정들 때문에 기회가 왔을 때도 한 걸음 뒤로 물러난다. 여러 이유들을 대며 자신의 실패를 합리화하며 살아간다. 그리고 시간이 흘러 다른 사람의 성공을 보면 부러워하며 '그때 나도 해볼 걸.' 후회를 한다. 왜 사람들은 도전하지 않고 뒤늦은 후회를 하게 되는 것일까?

현재 우리나라의 인기 순위 1위인 직업이 공무원이다. 다양한 가능성을 가진 청춘들이 공무원을 꿈꾸며 고시생으로 살고 있다. 꿈도 많고, 다양한 경험도 할 수 있는 가능성을 가지고 있음에도 꿈꾸지 않는다. 그래서 미래를 꿈꾸고 새로운 것에 도전하지 않아도 되는 안정적인 직업을 추구한다. 매일 똑같은 일상에 불평하면서도 새로운 도전을 할 용기는 없는 것이다. 공무원만 되면 인생은 탄탄대로라고 생각한다. 하지만 현실은 그렇지 않다.

그곳에서도 승진, 실적 등의 스트레스에 시달리게 된다. 공무원만 되면 좋겠다고 생각했는데 되고 나면 '내가 하고 싶은 일을 하면서 부자로 살 수 있는 방법은 없을까?' 매일 고민하게 된다.

나는 나의 꽃 같은 20대를 오지도 않은 미래의 고민과 걱정들로 날려버린 것과 다름이 없다. 그래서 꿈이 없는 20대들을 보면 붙잡고 이야기해주고 싶다. 다시는 돌아오지 않을 20대를 현실에 맞춰 되는 대로 살아가지 말라고, 하고 싶은 일을 하며 행복하게 살아가라고, 나처럼 시간 낭비하지 말라고, 꼭 이야기해주고 싶다. 너무나도 소중한 시간을 날려버리고 나니 30대엔 물러설 곳이 없었다. 20대를 보상받기 위해서라도 30대에 이뤄내야 했다. 그래서 더 치열했고, 더 열심히 해야 했다.

나에게는 11살 차이가 나는 막내 동생이 있다. 내가 20대 우울증으로 너무 힘들었던 시절 동생은 아무것도 모르는 초등학생이었다. 나는 동생에게 우울증을 겪는 동안 나쁘게 굴기도 하고, 모진 말을 하기도 했다. 동생에게 상처가 될 줄 알면서도 비딱한 나의 마음에선 그렇게 해야 했다. 그럴 때마다 동생은 나에게 했던 말이 있다.

"나는 언니처럼 절대 안 살 거야."

우울증을 겪으며 아무것도 하지 않고 한없이 시간만 보내는 내 모습이 어린 동생의 눈에도 한심해 보였던 것일까? 그렇게 동생은 나의 20대 시절을 기억하고 있다. 나의 모습에 영향을 받고 자란 동생은 지금 20대 중반이 되어간다. 본인이 하고 싶은 분야를 전공하고, 가고 싶었던 유학을 떠나 즐겁게 학교생활을 하고 있다. 동생은 자유롭게 본인의 의사를 표시할 줄 알고, 본인이 원하는 바를 명확하게 알고 하나씩 도전하며 실행하고 있다.

나처럼 살지 않겠다고 매일 선언하더니, 정말 나의 20대와는 다른 온전한 본인의 삶을 살아가고 있다. 그런 동생을 보며 뿌듯하면서도 한없이 부러울 때도 있다. 동생을 볼 때마다 '조금만 일찍 깨달았더라면, 정말 멋진 20대를 보낼 수 있었을 텐데….' 하는 생각에 나의 20대 시절이 너무 아깝고 또 아깝다.

20대의 나는 내가 원하는 삶이 무엇인지 정확히 몰랐다. 막연하게 성공하고 부자가 되고 싶었고, 전공으로 생각해왔던 배우가 되는 것만이 목표였다. 그것 외엔 인생에 아무것도 없다고 생각했다. 그래서 내가 살아가는 대로 생각했다. 일이 잘 진행되면 기분이 좋고 희망적인 생각을 하고, 일이 잘 진행되지 않으면 금방 좌절해서 실패하는 생각만 했다. 그 당시에는 지금 하고 있는 생각을 변화시켜 인생을 바꿔보겠다는 생각조차 하지 못했다.

정말 생각 하나 차이로 인생이 달라질 수 있는데 왜 그때는 알지 못했을까?

주변에서 아무도 그 방법을 알려주지 않았다. 내가 걱정을 하면 그 걱정을 덧대는 걱정들을 더해나갔다. 그래서 나의 걱정 무게는 더 늘어갔고 그렇게 점점 부정의 늪에 빠져버린 것이다.

나뿐만이 아니라 대부분의 사람들이 같은 경험들을 하며 살아갈 것이라고 생각한다. 생각을 하는 방법을 배우지 못했기 때문에 매일 살아가는 대로 생각할 것이다. 매일 살아가는 대로 생각하게 되면 삶은 부정적으로 끝날 가능성이 높다는 것을 알아야 한다. 우리는 긍정적인 사고를 하기 이전에 부정적인 사고를 하는 습관을 가지고 있으므로, 늘 부정적인 미래를 먼저 그릴 것이기 때문이다.

생각만 해도 끔찍하지 않은가?
그렇다면 지금 당장 내가 원하는 생각을 해라.

그래야 내 현실도 변화한다. 걱정과 두려움이 올라온다면 당장 내가 원하는 그림으로 바꾸어라. 여러 번 반복해서 연습하다 보면 내가 원하지 않는 그림은 자동적으로 차단되고, 원하는 모습만 자연스럽게 생각하게 된다. 그리고 어느 순간 그것이 현실이 될 것이라는 강한 믿음과 확신이 든다. 그리고 그것은 곧 현실이 되어 나타나게 된다.

나는 내가 원하는 대로 생각한 이후 기적과 같은 일들을 많이 경험했다. 또 다른 기적들을 만들기 위해 원하는 대로 생각하는 횟수를 늘려갔다. 그 이후로 점점 두려움과 부정적인 생각들이 드는 횟수는 점점 줄어들었다.

정말 신기하게도 이제 어떠한 것을 경험하든 내가 원하는 방향으로만 생각하게 된다. 만약 좋지 않은 일을 경험했더라도 뇌는 곧바로 원하는 생각만 하도록 생각을 전환해준다. 마치 내가 설계한 컴퓨터처럼 내가 원하는 대로 맞춰진 듯하다.

당신도 나처럼 신기한 경험을 해보고 싶지 않은가? 그렇다면 지금 당장 내가 원하는 생각을 해라. 지금 현실이 견디기 힘들 정도로 고통스러운 상황이라 할지라도 내가 원하는 생각을 해야 한다.

지금 고통스러운 상황만 생각하다 보면 사는 대로 생각하게 되고, 그 상황은 계속 반복될 것이다. 내가 지금 집중하고 있는 생각은 더욱더 커져 그 생각에 딱 맞는 현실을 끌어당기게 될 것이기 때문이다.

04

내 마음이
원하는 생각이
진짜 생각이다

"가람아, 엄마 따라 명상센터 한번 가볼래?"

우울증으로 밤새 잠 못 이루다 겨우 잠든 나를 깨우며 엄마가 말했다. 잠결에 들었지만 엄마의 말이 너무도 선명히 잘 들렸다. 1초의 망설임도 없이 대답했다. "어, 갈래."라고 대답하고 바로 옷을 챙겨입었다.

엄마의 말에서 빛과 희망이 느껴졌다. 지금이 아니면 안 될 것 같은 느낌이 들었다. 1년 정도 우울증 때문에 잠 못 이룬 밤들이 쌓여가다 지칠 때로 지친 상태였다. 지금 이 상황에서 벗어날 수만 있다면 무엇이든 해야겠다는 생각이 들었다. 그렇게 따라간 명상센터의 모습은 상상했던 모습과는 많이 달랐다. 엄마 또래의 여성분들만 가득했고, 젊은 학생은 어디에도 없었다. 내가 들어가자 모든 시선이 나에게 다가왔다. 순간 도망가고 싶었지만, 다시 한 번 용기를 냈다.

다행히 명상은 내가 생각했던 기체조 같은 것이 아니었다. 나에게 명상이란 산에서 수행하는 도인들만 하는 것인 줄 알았다. 하지만 생각했던 것과는 달리 명상은 진짜 나의 모습을 찾아가는 과정이었다. 점점 명상에 흥미를 느끼고, 나 자신에 대해 더 궁금해지기 시작했다. 며칠을 체험한 후 제대로 시작하겠다고 마음먹고, 명상하는 방법을 하나씩 배워갔다. 호흡하는 법부터 다양한 기법들을 배웠다. 호흡을 하면 마음이 차분해지고, 편안해졌다. 그리고 진정한 나를 찾아가기 시작했다. 마음속에 있는 진짜 나의 목소리를 무시하며 살아온 것 같아 눈물을 펑펑 쏟기도 했고, 마음속의 나에게 미안하다고 말해주기도 했다.

그동안의 나의 내면 속의 아이는 어른으로 자라지 못한 채 그 어느 때의 슬픔, 좌절 속에 머물러 있었다. 그 아이를 보며 하염없이 눈물을 흘렸다. 주변의 시선과 기대에 맞춰 살아가느라 내면의 목소리가 들렸을 때도 무시하고 지나갔다. 보이지 않는 내면보다는 현실이 더 중요했기 때문이다. 명상을 하며 내가 원하는 것이 무엇인지 명확하게 알게 되었고, 앞으로 어떻게 살아가야 할지도 스스로 깨닫게 되는 소중한 시간이 있다. 그렇게 나는 1년 동안 명상을 하며 예전의 나를 버리고 진짜 나를 찾아갔다.

명상을 시작하며, 마음공부를 하고 싶다는 생각이 들었다. 지금 나에게 가장 필요한 것은 마음공부라고 생각했다. 초·중·고등학교부터 대학 시절 아무도 마음공부에 대해서는 알려준 적이 없었다. 공부의 최종 목표는 수능시험을 잘 봐서 좋은 대학에 가는 것이었다.

하지만 지금 나에게 정말 필요한 것은 마음공부라고 생각했다. 앞으로 꿈을 이루기 위해서는 예전처럼 힘든 일에 주저할 수 없기 때문이다. 그래서 마음이 이전보다 더 강해져야 한다고 생각했다. 몸을 튼튼하게 하기 위해서 운동을 하듯, 마음을 튼튼하게 하기 위해서는 마인드 공부를 꾸준히 해나가야 한다는 생각이 들었다.

명상 수업을 하며 마음공부를 할 수 있는 방법을 하나씩 배워갔고, 일상생활 속에서 경험하며 지혜를 얻게 되는 경우도 많았다. 서점에 가서 마음공부와 의식 확장에 관련된 책들을 구매했다. 그리고 매일 필사를 하였다. 그리고 감사일기를 썼다. 책에서 시키는 대로 나는 하나씩 실천하기 시작했다. 의심 없이 그냥 무작정 아이 같은 마음으로 믿었다. 나의 뼛속까지 새로운 마음으로 채우고 싶었기 때문이다. 어린 시절부터 믿고 자라온 것들, 즉, 잠재의식 속의 낡은 기억들을 다 지워버리고, 새로운 나로 다시 세팅하고 싶었다.

세상에 빛나는 사람으로 나는 다시 태어나겠다고 결단했다.

새로운 나로 태어나기 위해 이루고 싶은 목표가 있어야 했다. 곧바로 노트에 원하는 꿈을 써내려갔다. 막연하기만 했던 꿈은 진정한 내 모습을 찾고 난 이후 확실해지기 시작했다. 주변을 의식하지 않고 온전히 이루고 싶은 나만의 꿈을 찾게 되었다.

누가 나의 꿈을 뭐라 해도 상관없을 정도로 오로지 나에게 집중했다. 내가 진정으로 원하는 꿈일 때 가치를 가지고 이룰 수 있다고 생각했다. 나에게 집중하기 시작하니, 어떠한 일을 결정할 때 직관의 목소리를 들을 수 있었다. 흔히 사람들이 "왠지 느낌이 오더라."라고 말하는 그 직감과 비슷한 것이었다.

내 마음의 목소리가 들렸다. 고민을 할 때면 꿈속에서 해결 방법을 알려주거나, TV, 인터넷의 기사를 보다가 우연히 해답을 찾기도 했다. 그렇게 30대가 되어서 진정한 나의 모습을 찾아가기 시작했다. 진정한 나로 살아갈 수 있어 하루하루가 행복했다.

과거의 나는 친구들에게는 늘 잘 보이고 착한 친구가 되고 싶었고, 부적절한 부탁에도 거절하지 못했었다. 친구들에게 인기가 많아야 자존감이 올라가고, 그렇지 못할 땐 자존감이 떨어지는 아이였다. 친구들 말 한마디에 울고 웃는 자존감이 너무나도 약한 아이였다. 착한 아이 콤플렉스가 있었던것이다. 진정으로 원하는 것이 아니더라도 나만 희생해서 다른 사람이 행복해진다면 그것마저 가치 있는 일이라고 생각했고, 다른 사람이 행복하니 좋은 일을 하고 있다고 착각하며 살았다.

부적절한 일을 당해도 다른 사람에게 잘못된 것이라 소리를 치지 못했다. 그 행동조차 그 사람에게 상처가 되거나 그 사람에게 나쁜 사람으로 인식되는 것이 싫었기 때문이다. 그렇게 나 자신은 점점 죽어가고 있었고, 모든 사람에게 좋은 사람이 되려 노력했다.

그래서 나는 늘 인간관계에 피곤함을 느꼈다. 20대에 우울증을 겪으며 대인기피증이 함께 온 이유도 이 때문이었다. 진정한 내 모습이 아니었기 때문에 상대방도 나를 편하게 대하는 것 같지 않았다. 그래서 가까운 친구 이외에는 대인관계를 하려는 노력조차 하고 싶지 않았다. 그 자체가 스트레스로 다가왔다. 그래서 나 혼자 있는 것이 편했다.

진정한 나를 찾아가고 나서부터 나는 내가 만나고 싶은 사람들만 만난다. 자기계발서에 보면 "부자가 되거나 성공하고 싶다면 인맥을 넓혀라."라는 말들이 많이 나온다. 나는 책에 나온 것처럼 인맥을 쌓기 위해 노력하지 않는다. 예전의 나로 돌아가고 싶지 않다. 불편한 자리도 괜찮다고 하고, 진정한 나의 모습을 숨기면서까지 인맥을 넓히고 싶은 마음이 없다. 지금은 하고 싶은 말을 하고, 마음을 있는 그대로 표현할 수 있는 만남을 한다. 혹여 그 과정에 실수가 있었다면 솔직하게 인정하고 사과를 한다. 그래서 지금은 사람들을 만나는 것이 두렵지 않다.

'그 사람이 나를 어떻게 생각할까?'는 크게 중요하지 않다. 진정한 나의 모습을 보여주는 것이 중요하다. 그 모습을 본 상대도 나의 진심을 느낄 것이고 서로 불편한 자리가 되지 않는 것이 가장 좋은 만남이라고 생각한다. 나를 찾아가고 자신을 스스로 사랑하기 시작하면서부터 인간관계에도 자연스럽게 변화가 생겼다. 나의 모습을 있는 그대로 보여주고 나니 더 많은 사람들이 나를 찾기 시작했다. 신기하게도 나를 드러내기 시작하니 같은 마인드를 가진 사람들만 옆에 모였다.

진정한 나의 모습을 찾아가며 여러 방면에서 나의 삶은 변화하기 시작했다. 내 마음이 원하는 생각이 무엇인지 알아야 성공할 수 있다. 그러려면 마음이 원하는 생각이 무엇인지 알아야 한다. 그것을 알기 위해 먼저 내가 누구인지, 어떤 생각을 하며 살아가는지, 어떤 감정을 가지고 있는지, 나를 면밀히 살펴보아야 한다. 세상을 살아오며 주변의 시선과 기대에 의해 만들어진 가짜의 나 말고, 진짜 나의 모습을 찾아야 한다. 진짜 나의 모습을 찾기 위해서 나는 명상과 마인드 공부를 추천한다. 요즘 서점에 가보면 명상과 마인드에 관련된 책들이 많이 나와 있다. 예전에는 명상, 마인드 공부는 종교적인 부분으로 인식되어 특별한 사람들만 하는 것이라고 생각했다.

하지만 요즘과 같은 경쟁의 시대 속에 살고 있는 현대인들에게 명상과 마인드 공부는 필수가 되어가는 듯하다. TV나 책을 보면 명상을 하며 직업적으로 성공을 거둔 사람들도 많이 나온다. 구글을 비롯한 여러 기업에서도 사내 교육 프로그램에 명상을 도입하고 있다.

세계적으로 성공한 기업가들은 매일 아침 루틴으로 명상을 진행하고 있다는 사실은 여러 자기계발서에서도 읽어보았을 것이다. 명상과 마음 공부를 통해 진정한 나의 모습을 찾아가자. 그러면 내가 원하는 생각을 찾아낼 수 있다. 그 생각을 찾았다면 이제 당신은 새롭게 태어날 것이다. 내 마음이 원하는 진짜 생각을 하게 되는 순간 내 삶은 변화하기 시작할 것이다. 진정한 자유를 가지고, 풍요로운 삶을 누릴 수 있다. 진정한 행복을 느끼며 살아가는 자신의 모습을 발견하게 될 것이다.

05

생각이 많은 아이
VS
생각을 하는 아이

어학원을 운영하고 있는 나에게 학부모님들과 지인들은 "어떻게 하면 영어를 잘할 수 있어? 우리 아이는 이게 부족해. 다른 아이는 여기까지 하던데…."라며 아이의 학습 결과에 불평 불만을 늘어놓는다. 나는 어학원을 5년째 운영하며 많은 아이들을 보았다. 일주일 세 번, 최소는 1년 동안은 함께하기에 아이들이 어떤 생각을 하고 어떤 마음인지 함께 지내다 보면 자연스럽게 알게 된다.

나와 오래 수업을 한 학생 중 한 명은 해외로 유학 한 번 다녀오지 않았지만 영어 실력과 발음이 원어민 수준에 가깝다. 모든 이들의 부러움을 받는 학생이다. "어쩌면 저렇게 영어를 잘해요? 저 아이는 따로 다른 추가 수업을 받나요?" 등 많은 질문 들을 나에게 한다. 그러게, 나도 참 궁금했다.

4년을 함께하며 늘 궁금했다. 그러던 어느 날 그 이유를 찾아냈다.

첫 번째, 학생의 부모님이 너무나도 긍정적인 사고를 가지고 계신 분들이라는 것.
두 번째, 학생이 스스로 할 수 있는 마음을 가지도록 늘 칭찬하고 격려해주신다는 것.
세 번째, 학생이 영어를 좋아할 수 있도록 강제가 아닌 학생이 원할 때 적극적으로 경험할 수 있도록 도와주시는 것.

이것이 정답이었다. 내가 4년 동안 그 학생을 가르치고 함께 캠프를 다니며 느낀 것이다. 한 번도 강제적인 태도로 아이를 대하지 않으셨다. 아이 스스로 목표를 가질 수 있도록 그것에 대해 늘 대화를 나고 아이의 생각을 존중해주셨다.

한국 사회에서 아이를 케어하기란 여간 어려운 일이 아니다. 수학 학원도 기본적으로 두세 개, 영어 학원도 두 개, 예체능 학원, 논술, 과학

학원 등등 아이들은 하루 종일 학원을 다니다가 하루를 끝내게 된다. 심지어 유치원생들도 이런 이야기를 한다.

나는 학생들과도 편하게 대화를 자주 하는 편이다. 가끔 보충을 받으러 오는 학생들은 힘들다며 자신의 마음을 터놓고 얘기하기도 한다.

"열심히 한다고 하는데 엄마는 더 하래요!"
"학원 다녀와서 숙제하고 자면 1시쯤 자야 해요."
"선행하는게 너무 힘들어요."
"주말에 더 바빠요!"

아이들의 불만은 끝이 없다. 선생님으로서 안쓰러운 마음이 많이 든다. 숙제를 줄여줄 수 없어 숙제를 내주면서도 미안한 마음이다.

그래서 보충을 오는 학생은 수업과 동시에 숙제를 할 수 있게 해서 조금이나마 부담을 덜어주고자 하는 편이다. 나는 가끔 아이들에게 꿈이 무엇인지 물어본다. 아이들의 꿈이 뭘까 궁금하기도 하고 꿈에 따라 영어 방향을 컨설팅해주기 위해서다. 그런데 듣는 대답은 늘 한결같다.

"없어요. 몰라요. 생각해본 적 없어요."

"하고 싶은 것이 없어요. 건물주나 될래요. 아니면 유튜버나 해야 하나?"

이런 이야기들이다. 자신이 무엇을 좋아하고 잘하는지 전혀 생각해볼 겨를 없이 학교, 학원, 집만 반복하며 아무 생각없이 살아가는 것이다.

내가 어릴 때는 초등학교 4~5학년이 되어서야 영어를 시작하고, 학원 한두 개 다니고 와서 저녁시간 전까지 아이들과 하늘땅별땅을 하며 놀았던 기억뿐이다. 엄마가 저녁을 먹으러 들어오라고 소리치면 아이들 모두 아쉬워하며 헤어졌던 기억이다. 그래서 어릴 때부터 악착같이 공부해야 겠다는 생각을 해본 적이 없다. 그래서 오히려 자유롭게 내 꿈을 설정하고, 그것을 이루기 위해 나 스스로 공부하게 되었다. 강제성이 전혀 없이 말이다. 적어도 내 꿈과 미래에 있어서는 난 늘 부모님께 존중받았다.

내가 가장 잘하는 것을 하라고 격려해주셨고, 도전해보겠다고 하는 것은 늘 경험할 수 있도록 해주셨다. 만약 그것이 엄마 아빠가 원하는 것이 아닐지라도 경험을 통해 배우고 깨달으라는 의미에서 말이다. 학원에 쫓기지 않아 시간이 많았기에 늘 장래희망을 그렸다. 선생님이 되고 싶다가 의사가 되고 싶다가 "여러 번 바뀌는 것이 장래희망이다."라고 할 정도로 친구들과 꿈에 대한 이야기도 많이 했었다.

그런데 지금 아이들은 꿈이 없다. 아니 꿈을 생각할 시간이 없다. 당장 내일 학원 숙제부터 걱정을 해야 하니 말이다. 금수저가 아니면 살아남기 힘들다는 한국에서 미래를 설계하지 않고 살아간다면 어떻게 될까? 나는 대한민국에 자녀를 둔 학부모님들께 말하고 싶다.

당장 학원 하나 줄이더라도 아이의 꿈을 세팅해줘야 한다고. 꿈은 바뀔 수 있지만 한 번 같이 세팅하고 거기에 맞는 세부 계획들을 아이와 같이 설계해본다면 그 다음은 스스로 아이가 하게 될 것이다. 당장 수학 학원 하나 줄인다고 아이가 수학이 남들에 비해 수준이 떨어질까 걱정하는가? 그것보다 아이가 미래를 생각하지 않는 것이 더 위험한 것이라고 말해주고 싶다.

나는 현재 교육회사 대표이자 드림석세스 스쿨을 운영하고 있다. 아이들에게 좋은 교육을 해주기 위해 다방면으로 연구하고 실행하다 보니 또하나의 꿈이 생긴 것이다. 교육회사 대표의 최고 목표가 무엇일까? 곰곰이 생각해보았다. 좋은 교육 프로그램으로 질 높은 교육을 하고, 우리 아이들, 청년들이 모두 자신의 꿈을 이룰 수 있도록 도와주는 것이다.

나의 드림석세스 스쿨에서는 꿈을 설정하고, 목표에 도달하기 위해 실행할 것들을 개별 컨설팅해주고 있다. 각자마다 상황이 다르고 목표가 다르기에 개인 맞춤 컨설팅이 필요한 영역이다. 그리고 아이들에게 꿈과 목표를 실정하고, 실행할 수 있는 '우리 아이 생각 공부'라는 과정을 운영하고 있다. 어떻게 자녀를 교육해야 하는지 그 방법을 모를 때, 아이가 마음과 경제적으로 풍요로운 삶을 살 수 있도록 마인드를 세팅해주는 과정이다.

내가 학원을 운영하다 보니 많은 학부모님들께서 과정에 참여하고 있다. 아이를 케어하며 이 방법이 맞을지 아닐지 고민해야 할 순간들이 많다. SNS와 인터넷 광고, 카페들에 나와 있는 것들을 하면 다 잘될 것 같아 아이들에게 이것저것 많이 시켜보기도 한다.

아이가 여러 가지 경험을 해보는 것은 참으로 좋은 일이다. 하지만 처음부터 아이와 충분한 대화를 통해 아이에게 꿈을 세팅하는 방법을 알려주고, 함께 설계해나가며 아이에게 필요한 다양한 경험들을 시켜주면 더욱더 좋지 않을까? 그렇다면 부모님이 배워야 한다. 아이에게 공부를 하라고 하기 이전에 아이가 공부하기 편하도록 부모님이 먼저 배워서 함께 꿈을 설계하고 실행해나가야 하는 것이다.

생각이 많은 아이가 아닌 제대로 된 생각을 하는 아이로 커야 한다. 생각에는 나를 해치는 생각들, 부정적인 생각들이 훨씬 더 많기때문에 생각을 많이 한다고 해서 아이의 사고가 확장되는 것이 아니다. 아이에게 긍정적인 생각, 의식을 확장할 수 있도록 도와주어야 한다. 건설적인 생각을 하고, 도전할 수 있는 힘을 알려줘야 한다. 확고한 신념을 가질 수 있는 방법을 알려줘야 한다.

이 모든 것들은 학교에서, 학원에서는 알려주지 않는다. 실제로 현재 우리 아이들에게 가장 필요한 교육인데 말이다. 그래서 나는 우리 아이들이 그저 그렇게 현실에 맞춰 꿈도 희망도 없이 자신을 한계 긋고 살아가게 하지 않을 것이다. 아이들이 원하는 꿈에 대해 충분히 들어주고, 그것을 실행할 수 있는 단계를 함께 설계하고 실행할 수 있도록 도와줄 것이다. 그래서 많은 아이들이 자신의 꿈을 이루고 행복한 부자로 살아갔으면 좋겠다. '그게 참된 교육자가 해야 할 일이 아닐까?'라는 생각이 든다.

나도 어릴 때 생각이 많은 아이였다. 하지만 우리 부모님은 열심히 일만 하시는 분들이기에 내 꿈에 대해 듣고 이해해주시긴 했지만 그것을 이루기 위해 함께 공부하고 단계를 설정하여 성취할 수 있도록 도와주시진 못했다. 그들도 그것을 배운 적이 없기 때문이다.

그래서 생각만 많은 아이로 자란 것이다. 그리고 성인이 되어 수많은 시행착오 끝에 제대로 된 생각을 하는 방법을 배우게 되었다. 이미 30대가 지나서 말이다. 그래서 나는 그 지난 시간들이 너무 아깝다. 우리 아이들이 나처럼 시간 낭비를 하는 것이 싫다. 시간을 되돌릴 수 없기에 소중한 시간을 학원만 다니며 흘려버려서는 안 된다. 우리 아이들이 제대로 된 생각을 할 수 있도록 앞장서서 교육할 것이다. 나의 목표에 많은 학부모님들이 공감하고 함께 공부하길 바란다.

06

지금 상황이
힘들수록
생각하라

"내일 급여가 나가야 하는데 돈이 부족해, 엄마!"

학원을 오픈하고 매달 나의 고민은 선생님들의 급여였다. 그럴 때마다 나는 엄마를 찾았다. 5살 어린아이처럼 펑펑 울면서 말이다. 내일 당장 급여를 주지 못하면 큰일 날 것 같은 두려움이 너무 강했다. 최악의 상황들만 떠올랐다. 그래서 매월 급여 날은 내가 늘 눈물을 흘리는 날이었다.

작게 운영하던 교습소와는 달리 어학원의 특성상 레벨이라는 것이 존재했다. 그래서 어쩔 수 없이 학생 수와는 별개로 20명의 학생이 있더라도 3명의 선생님이 필요했던 것이다. 학원 운영 경력이 짧다 보니 정확한 정보가 없었고, 선생님들이 원하는 급여를 줄 수밖에 없었다. 모든 것이 나의 정보 부족과 준비 부족으로 인해 생긴 일이었다.

급여를 부탁할 때마다 아빠는 늘 나에게 당장이라도 그만두라고 소리쳤다.

"자기 밥벌이할 생각 안 하고, 바보같이 매일 남 좋은 일만 시키냐 너는?"

나도 알았다. 내가 남 좋은 일만 시키고 있었다는 것을. 정작 나는 점심을 먹을 돈도 없을 때가 많았음에도 나는 남들의 생활을 도와주고 있는 꼴이었다. 이런 내 모습이 한심하고 바보 같았다. 그런데 이상하게 포기하고 싶지가 않았다. 이전과는 달리 조금만 더 버티면 될 것 같다는 마음이 계속 들었다. 그런 말을 들을 때마다 오히려 오기가 생겼다. '내가 꼭 성공해서 더이상 급여 때문에 힘들어하지 않겠다'고 다짐하고 또 다짐했다.

매월 무에서 유를 창출해내듯 부족한 돈을 창출했다. 부모님이 도와주시기도 했고, 뜻밖의 학생들이 등록을 하며 버텨나가기도 했다. 급여 전

날이 되면 나는 늘 내일이 지나고 잠에서 깨어나기를 기도했다. 나에게는 급여 약속은 내가 죽더라도 꼭 지켜야 하는 것이라고 생각했다. 주변에서는 "조금 늦을 수도 있지, 학원 사정이 있는데⋯."라며 나를 위로하지만 그런 무책임한 사람이 되고 싶지 않았다.

항상 들어오는 돈보다 나가야 할 돈이 많았기에 1년간의 어학원 운영은 내 인생에서 가장 힘들었던 날들이었다. 그래도 그만둘 수 없었던 이유는 내가 이 학원을 만들기 위해 노력한 날들, 나를 믿어주는 학부모님들, 그리고 무엇보다 아이들을 가르치는 일이 너무 즐겁고 보람됐기 때문이다.

내가 나의 목표를 포기하지 않고 이룰 수 있었던 가장 큰 비결 중 하나는 내가 원하는 대로 생각하기이다. 매일이 큰 시험을 치르듯 고비가 많은 1년이었지만 매일 아침 명상은 절대 빼먹지 않았다. 그렇게라도 내가 원하는 대로 생각하는 시간이 없었다면 나는 아마 숨도 못 쉴 정도의 고통과 같은 나날에 휩쓸려 힘든 인생을 살고 있었을지도 모른다.

힘든 고통 속의 어느 날 밤 잠을 뒤척이다 문득 예전에 읽었었던 『잠재의식의 힘』이라는 책이 생각났다. 그 당시에는 굉장히 감명 깊게 읽고 표시까지 해두었는데 현실을 살아가며 또 잊고 있었다. 나는 다시 그 책을 꺼내 들었다. 그리고 다시 정독하기 시작했다. 매일 저녁 잠자기 전 한 페이지씩 밑줄 그어가며 하나씩 실천하려 노력했다.

"내가 원하는 마음속의 그림을 그려라, 그러면 잠재의식의 힘으로 그 것은 반드시 현실로 나타나게 되어 있다."

잠재의식의 힘은 매우 강력하고 24시간 작동하고 있어 내가 생각하는 모든 것들은 현실로 나타나기 위한 준비를 하고 있다는 것이다.

그 책을 다시 읽으며 문득 지난 나날을 되돌아봤다. 매월 돈 문제로 나 는 그것을 걱정하기에 바빴다. 해결책보다는 걱정과 두려움이 한 달 동 안 자리 잡고 있었던 것이었다. 그래서 나의 매일은 즐겁지 않았다. 걱정 과 두려움이 가득한 일들이 점점 더 늘어났었다. 그 순간 무서워졌다. 나 의 생각대로 내 현실에 나타나고 있었다니. 정말 겁이 났다. 그래서 당장 생각을 고쳐먹지 않으면 안 되겠다고 생각했다. 생각을 바꾸고 잠재의식 에 대해 공부해야겠다고 다짐했다.

내가 바라는 그림과는 정반대의 일들이 일어나고 있는 현실이지만 매 일 아침 1시간은 꼭 내가 원하는 그림을 마음속에 그리는 시간을 가지려 고 노력했다. 그렇다고 당장 현실에 나타나는 것은 아니었다. 그래도 괜찮았다. 내가 원하는 것을 생각하는 것만으로도 나는 그 현실 속에서 편하게 숨을 쉴 수 있었기 때문이다. 그때만큼은 세상 모든 것을 다 가진 부자로 살았고 돈 걱정 따윈 없었다. 그 속의 나는 행복한 미소로 성공을 축하받고 있었다. 너무 행복했다. 그 기분을 느끼고 싶어 매일 반복하여 그릴수록 더 생생하게 다가왔다. 곧 현실이 될 것처럼 말이다. 잠에서 깨자마자 나는 조용하고 편안한 곳에 앉아 눈을 감았다.

그리고 현실에서 벗어나려면 어떻게 해야 할까 고민했다. 학생들이 많이 오면 모든 게 해결될 것 같았다. 그래서 나의 학원을 마음속에 그리고, 출입문 입구에서 학생들과 학부모님이 들어오는 것을 상상했다. 들어와 상담을 해주고, 결제를 하고 가는 모습까지 생생하게 느끼려고 노력했다. 내가 말하는 것을 들어보고, 만지는 모든 것들의 촉감을 느끼려고 했다. 처음에는 상상이 끊기기도 하고, 소리도 들리지 않는 듯하고, 제대로 그리고 있는 것인지 불안했다. 그래도 의심하지 말고 그냥 믿고 해보기로 했다.

다음 날도 똑같은 그림을 그렸다. 이번에는 내가 상담하는 소리도 들리고, 펜으로 등록서를 쓰고 있는 손의 느낌도 느껴졌다. 그렇게 매일을 반복했다. 학원에 출근하면 내 자리에 앉아 똑같은 상상을 반복하고 하루를 시작했다. 실제로는 학생들이 오지 않더라도 실망하거나 포기하지 않았다. 결과와는 상관없이 매일매일 내가 원하는 생각을 했다. 그 생각을 하는 것만으로 하루를 살아갈 희망이 있었기 때문에 생각을 멈출 수 없었다.

나에게는 나의 하루의 기운을 충전해주는 충전기 같은 존재였다. 그렇게 하고 나면 일을 하는 동안에는 현실의 문제와는 상관없이 늘 기운이 나고 웃으며, 즐겁게 일할 수 있었다. 나머지 문제들은 모든 업무가 끝난 뒤 다가왔다.

그 문제 속에서도 나는 문제에 빠지기보다는 해결점에 집중하려고 노력했다. 물론 처음부터 그랬던 것은 아니다. 울어도 보고, 내가 왜 이렇게 힘든 길을 가고 있는지 스스로에게 물어보기도 하고, 다른 사람들을 원망하기도 하고, 그렇게 보낸 나날들이 더 많다. 하지만 그렇게 해도 나아지는 없는 아무것도 없었다. 오히려 나의 마음만 병들어갔다.

나의 생각의 씨앗들이 심어져 결과물로 현실에 나오기 시작했다. 내가 그린 그림 그대로 학생들이 몰려 등록하기 시작했다. 가장 신기했던 것은 상담하는 것을 상상할 때 입은 옷을 입고 간 그날, 나는 상상속에서 들은 똑같은 멘트와 같은 볼펜을 사용하고 있었다는 것이다. 상담을 마치고 너무 놀라 화장실로 뛰어갔다. 꿈인 것인가, 내 볼을 꼬집어봤다.

현실이었다. 내가 바라는 그림이 현실에 실제로 나타난 것이다.

이날 이후 지인들에게 이야기를 하니 아무도 믿지 않았다. 우연이라는 친구와 꿈에서 본 것 같은 데자뷰 현상이 아니냐는 친구들뿐이었다. 잠재의식 이야기는 꺼낼 수도 없었다.

우리 사회에는 생각의 힘을 알고 있는 사람과 모르는 사람이 있다. 대부분은 현실 속에서 일어나는 일들만 생각할 뿐이다. 버킷리스트와 같은 미래의 꿈은 새해 수첩에 한 번 써보는 것으로 끝나고 들여다보지 않고 1년을 지내는 것과 같이 말이다. 나 또한 그랬다. 감사하게도 힘든 일을 계기로 생각의 변화에 대해 공부하며 생각의 힘을 느끼고 실천하고 있는 것이다.

지금 현실이 어렵고 답답한 상황인가? 그렇다면 지금 이 현실을 바꿀 수 있는 방법은 단 하나뿐이다. 지금 이 상황에 빠져 생각하지 말고 눈을 감고 내가 원하는 현실에 대해 그려보아라. 눈을 뜨고 실제로 그림을 그리라는 것이 아니다.

내가 원하는 상황을 눈을 감고 상상하면 된다. 정말 간단하지 않은가? 그때의 나는 없는 돈을 구하러 다니는 것보다 이 방법이 훨씬 간단하고 쉬웠다. 그리고 실제로 내가 원하는 일이 일어났다. 나의 말을 믿고 지금 당장 실천해보길 바란다. 그대의 생각도 곧 현실이 될 것이니 미리 축복하고 싶다.

07

생각 공부가
나의 인생을
송두리째 바꾸었다

생각을 공부한다는 것을 들어본 적이 있는가? 생각에 대해 공부를 한 다니 이게 무슨 말인가 싶을 것이다. 이전의 나도 생각은 그냥 내 머리속 에 떠오르는 것인데 왜 공부를 해야 한다는 것인가 했었다. 이처럼 대부 분의 사람들이 그냥 생각을 하며 살아간다.

오늘 들은 기분 나쁜 말들, 어제 일어났던 일들, SNS를 보며 남들에 대 한 생각을 하며 하루를 보낸다. 그렇다 보니 내가 오늘 무슨 생각을 하며 살았는지는 되돌아볼 여유가 없다. 그냥 떠오르는 생각을 흘려보낼 뿐이 다.

당신은 오늘 무슨 생각을 하며 보냈는지 한번 생각해보라. 그중 나에게 앞으로 도움이 될 수 있는 긍정적인 생각은 몇 퍼센트나 되는가? 아마도 부정적인 감정에 따른 두려움과 걱정이 더 많을 것이다. 그래서 지금 현실은 내가 원하지 않게 부정적으로 흘러가는 것이다.

내가 수십 번 정독하며 읽고 있는 책 중 조셉 머피의 『잠재의식의 힘』이라는 책이 있다. 내용을 보면 다음과 같다.

"무엇이든 생각이 원인이며, 모든 상황은 그 결과입니다. 따라서 바람직한 상황이 생기도록 당신의 생각에 각별히 주의를 기울이는 것이 중요합니다. 현재의식이 진리로 여기고 믿는 것이 무엇이든 간에, 당신의 잠재의식은 그것을 받아들여 실현시킵니다. 행운과 신성한 인도, 적절한 행위, 인생의 축복을 믿으세요."

위의 내용과 같이 내가 부정적인 생각을 했기 때문에 부정적인 결과가 만들어진 것이다. 현재 나의 생각을 잠재의식이 받아들여 그것이 좋든, 나쁘든 모두 실현시킨다는 것이다. 너무 무섭지 않은가? 나는 이 부분을 읽고 온몸에 닭살이 돋았다. 내 생각이 모두 현실이 된다고 하니 그 이후부터 내가 무슨 생각을 하는지 매일 체크하게 되었다. 원하지 않는 현실이 나타나는 것은 너무 싫으니, 원하는 생각만 하도록 나 자신을 훈련했다.

요즘 서점에 가보면 마음, 잠재의식, 명상, 의식 확장에 관련된 책들이 많이 나와 있다. 예전에는 정말 찾아보기 힘든 분야였는데 요즘에는 베스트셀러 코너에 많은 책들이 진열되어 있다. 그만큼 현재 많은 사람들이 마음과 의식 확장에 관심을 가지고 있는 것이다. 어떻게 생각을 변화해야 하는지 모를 때엔 관련된 책을 찾아보고 공부해야 한다.

나 또한 관련된 책을 100권 이상 읽었고, 그 책들은 너무 여러 번 읽고 공부해서 많이 낡아져 있다. 내용을 잊어버리는 게 싫어서 매일 한 장씩 다시 읽어보곤 했다. 지금도 매일 밑줄 친 부분을 읽고, 책을 필사하고 있다. 그 중요성을 알기에 나는 지금까지도 열심히 공부 중이다. 내가 마음과 잠재의식에 대해 공부하고 생각이 송두리째 바뀌었기 때문이다.

생각이 바뀌고 나의 인생도 180도 바뀌었다. 그래서 나는 생각 공부를 멈출 수가 없다. 나에게도 어찌 좋은 일만 있겠는가? 나쁜 일이 일어나도 그 생각을 잊고 좋은 생각을 할 수 있도록 바로 사고를 전환한다. 그 습관을 놓치지 않기 위해서라도 읽었던 책을 읽고, 또 복습한다. 나의 세포가 기억할 수 있을 때까지, 내 몸에 자동화 시스템으로 정착될 때까지 보고 또 볼 것이다. 그렇게 내 인생을 바꿀 것이다.

내가 실제로 하고 있는 생각 공부의 방법을 몇 가지 알려주고 싶다. 이 공부로 많은 것들을 이뤄내고 있기 때문에 믿고 실행해보길 바란다.

첫 번째로, 내가 하루 종일 어떤 생각을 하는지 기록하라.

매일 쓰는 다이어리도 좋고, 핸드폰 메모장도 좋다. 대중교통을 타고 이동하는 중에도, 틈틈이 내 생각을 체크하며 내가 현재 무슨 생각을 하고 있는지 메모해보자. 처음에는 그냥 흘려보내게 되는 생각 때문에 기록하려 할 때 기억이 나지 않을 수도 있다. 그래서 시간을 정해두고 체크해서 기록하기를 바란다. 아침, 점심, 저녁 시간 이렇게 나누어서 그 시간대에 내가 어떤 생각을 했는지 써보게 되면 내가 주로 어떤 시간대에 더 긍정적이고 발전적인 생각을 많이 하게 되는지 찾아볼 수 있는 계기가 된다.

두 번째로, 의식 확장을 할 수 있는 책을 읽어라.

요즘 유튜브나 블로그를 보면 의식 확장에 관련된 추천 책들이 많이 있다. 나보다 성공한 사람들은 매일 어떤 생각을 하는지 배워야 한다. 매일 어떤 생각을 하고, 건설적인 생각을 하기 위해 어떠한 노력들을 하는지, 먼저 경험한 선배에게 배우듯 배워보자.

책은 내가 해보지 못한 경험을 다른 사람의 경험을 통해 간접 경험을 해볼 수 있으므로 나에게 시간적, 경제적, 마음적으로 많은 도움을 받을 수 있는 좋은 도구이다. 책을 읽고, 마음속에 와닿는 문구나 꼭 기억하고 싶은 부분에 밑줄을 긋자.

처음에는 가볍게 읽으며 밑줄을 긋고, 매일 밑줄 그은 부분을 잠자기 전이나 아침 시간을 활용하여 다시 한 번 꼼꼼히 정독하듯 읽자. 이 내용을 머리가 자연스럽게 기억할 수 있을 때까지 반복한다고 생각하고 매일 똑같이 반복해서 읽자. 어느 순간 그것들을 보지 않고도 자연스럽게 말하고 있는 나의 모습을 보게 될 것이다.

세 번째로, 명상을 하라.

아침에 일어나면 그 자리에 앉아 가볍게 눈을 감고 호흡을 가볍게 해보자. 숨을 들이마시고 내쉬기를 5회 정도 반복하며, 머리와 마음속에 있는 나쁜 감정과 생각들이 내쉬는 숨에 다 빠져나간다고 생각해보고, 긍정적인 생각과 행복한 감정들이 들이마시는 숨에 몸 안으로 들어온다고 생각해보자. 그렇게 호흡에 집중하다 보면 눈을 감았을 때 떠올랐던 생각들은 사라지고 호흡을 바라보는 나를 느끼게 될 것이다.

호흡에 집중하는 순간에도 수만 가지의 생각들이 나를 스쳐갈 것이다. 지금 당장 생각하지 않아도 되는 사소한 것들까지 기다렸다는 듯 찾아올 것이다. 마트의 세일 전단이 떠오른다든지, 다른 SNS의 사람이 했던 말이나 행동이 떠오르거나 내일 친구를 만날 때 입을 옷을 고민하는 모습이 떠오를 것이다. 매일 머릿속에 이렇게 연관성이 없는 생각들이 뒤죽박죽 쌓여 있다니 놀라울 뿐이다.

눈을 감으면 더 많은 생각들이 떠오를 것이다. 그리고 깜짝 놀라게 될 것이다. 머리 속에 이 모든 생각들이 있다는 것이, 살펴보면 하나도 도움이 되지 않은 아주 쓸데없는 생각들이라는 것을, 그래서 나는 명상을 통해 자신을 살펴보는 기회를 가져보길 바란다. 쓸데없는 생각들을 걷어내고 나면 진정으로 내가 원하는 생각들을 넣을 수 있는 공간들이 생기기 시작한다. 비워내야 채울 수 있다. 먼저 비워내는 과정을 진행하면, 어느 순간 눈을 감고 명상을 하면 아무런 생각이 들지 않고 오로지 나를 바라볼 수 있게 된다. 그 순간이 올 때 내가 원하는 생각들과 바라는 그림들을 하나씩 그려 넣으면 된다.

나는 이 작업이 너무 즐겁고 재미있다. 그래서 매일 아침 하루도 빠지지 않고 빈 도화지에 내가 원하는 그림을 그린다. 그림을 그릴 때 얼마나 행복한지 그것은 그려본 사람만이 알 것이다. 그것이 현실이 되어 나타나면 확신을 가지게 되고 내가 바라는 더 큰 그림을 그릴 자신감이 생기게 된다. 반드시 내가 그린 그림은 현실이 된다는 것을 알기 때문이다.

생각 공부 이후로 나의 인생은 송두리째 바뀌었다. 이전의 나는 그토록 원하는 것들을 가지기엔 너무 힘이 들었고, 결국 가지지 못했다. 결국은 가지지 못할 것이라는 생각이 내 잠재의식 속에 자리잡고 있었기 때문이다. 하지만 위의 방법들로 생각 공부를 한 이후의 나는 이제 원하는 것을 이루기가 너무 쉬워졌다. 원하는 것이 있으면 매일 아침, 저녁으로 원하는 것을 생생하게 상상한다. 이번에도 또 이루어질 것을 알기에 마음 편안하게 하루하루를 충실하게 보낸다. 그러면 그것은 반드시 현실로 나타나고 있다.

위의 방법들은 내가 꿈을 이루기 위해 몇 년 동안 매일 하고 있는 방법들이다. 이미 나는 기적이라 불릴 정도의 일들을 많이 겪었기 때문에 더욱더 생각의 힘에 대해 중요하게 생각한다. 여러분도 나를 믿고 한번 따라 해보길 바란다. 처음에는 어색하고 이게 맞나 싶을 때도 있을 것이다. 만일 혼자 시작하는 게 두렵거나 상세한 안내를 받길 바란다면 나의 카페에 많은 자료들이 있으니 도움을 받길 바란다.

당신도 내가 이룬 기적들을 이루지 못하리란 법은 없다. 나도 할 수 있으니 당신도 할 수 있다. 아주 간단한 방법으로 나의 인생을 멋지게 바꾸어보고 싶지 않은가? 그렇다면 지금 바로 시작해보라.

08

내가 원하는
생각만 하라
그것은 **현실**이 된다

나는 1년 동안 내가 이룰 목표들을 적고 상반기, 하반기로 나누어 계획을 잡는다. 그리고 몇 월까지라고 데드라인을 옆에 기입하여 지금 어디에 집중해야 하는지를 명확히 하는 편이다. 1년 동안 이루고 싶은 목표는 많은데 어디서부터 시작해야 할지 막막해지거나 순서 없이 목표 설정하는 경우가 많았다. 결국 하나도 이룬 것 없이 이것도 저것도 아닌 상황이 되어본 적이 대부분이었다. 원하는 것을 이루기 위해서는 선택과 집중이 필요하다. 그래서 목표를 잘게 나누고 매일 목표를 위해 시작해야 할 일들을 꾸준히 해나가서 그것이 습관화되도록 하고 있다. 내가 원하는 것을 이루기 위한 습관화에 가장 중요한 것이 있다. 바로 심상화이다. 심상

화라는 말을 들어본 적이 있는가? 사전적 의미로 심상화는 '학습 재료를 기억하기 쉽게 하기 위해 시각적 이미지를 만드는 것'으로 정의된다.

즉, 쉽게 말하면 내가 원하는 것을 이미지로 만들어 생각하는 것이다. 실제에는 존재하지 않지만 원하는 이미지가 나의 머리와 마음속에 기억될 수 있도록 말이다.

나는 매일 아침, 저녁으로 심상화를 한다. 눈을 감고 나 자신에게 집중할 수 있도록 명상을 하면서 말이다. 저녁에는 잠자기 전 눈을 감고 몸의 긴장을 푼 뒤 원하는 이미지를 떠올리고 더 나아가 움직이는 영상으로 전환한다. 실제 그 속에서 내가 연기하고 있는 것을 인지하고 그때의 기분과 감정을 느끼려고 노력한다.

내가 원하는 것을 생각하면 현실에 곧 나타나는 일들을 자주 경험했다. 지금도 거의 매일 같이 경험하고 있다. 사람들이 나에게만 기적이 일어난다고 신기해하고, 나보고 운이 좋다고들 말을 한다. 나는 매년 운세를 보러 간다. 미신이라 하든 아니든 1년 동안의 운세를 보아야 마음이 편하기 때문에 매년 보는 편이다. 사주로 따지자면 지난 10년 동안 나는 운은커녕 살아 있는 것이 신기할 정도로 힘든 운세라 했다. 그것에 따르면 난 지금도 좋지 않은 운을 가지고 있는데 어떻게 지난 3년 동안 내가 원하는 것들을 이루어낼 수 있었을까? 나는 여러 신기한 경험들을 하며 깨달았다. 모든 것이 마음먹기에 달렸다고 말이다.

즉, 내가 생각하기 나름이다. 내가 만약 운세가 좋지 않다는 소리를 듣고 계속 '운세가 좋지 않으니까.'라며 일어나는 일들에 의미 부여를 하고 생각했다면 지금 원하는 것들을 누릴 수 있었을까?

아마도 꼬리에 꼬리를 문 안 되는 생각들만 했을 것이고, 현실도 그에 따라 점점 힘든 일들만 생겼을 것이다. 하지만 나는 그렇게 생각하지 않았다. 내 운명은 내가 바꿀 수 있다고 자신했다. 운세가 좋지 않으면 운세가 좋게 만들면 된다고 생각했다. 그리고 곧바로 서점에 가서 운이 좋아지는 것에 관련된 책들을 구매했다.

운이 좋아지는 말버릇, 운이 들어오는 정리법과 같은 책들을 구매해서 매일 같이 읽고 그곳에 나온 것들을 하나씩 실천해갔다. 책 속의 내용을 의심하지 않았다. '저 사람도 이렇게 말하니 운이 들어와서 좋은 일이 생겼네. 나라고 안 되는 게 아니지. 나도 오늘부터 내 말버릇을 바꿔서 운이 좋아지게 할 거야.'라며 적극적으로 실행했다. 그냥 책만 읽고 끝내지 않았다. 바로 실행했다. '실행을 해봐야 뭐라도 될 것 아닌가?'라는 마음이었다.

나의 노력 덕분이었을까? 정말 신기하게도 기적이 일어나기 시작했다.

나는 매일 아침 명상을 마치고 "우리 학원에 학생 100명 들어왔다!"를 현재완료형으로 외쳤다. 이미 내 소원이 이루어진 것처럼 말이다. 처음에는 들어오지도 않은 학생을 들어왔다고 하는 것이 어색하고 내 마음속에서도 갈등이 생겼다. 하지만 매일 학생들이 들어오는 그림을 그리며 소원을 외치니 점점 더 현실처럼 다가왔고, 마음속의 갈등은 자연스레 사라졌다.

그리고 나서는 마음이 편안해지고 당연히 이루어진다는 확신이 들기 시작했다. 학생들이 당장 들어오지 않았다고 해서 집착해서 여러 번 소리내어 말하지 않았다. 어차피 이루어질 것이라는 확신이 나도 모르게 들었고, 그래서 마음 편히 내가 해야 할 일들을 하며 매일 똑같은 그림을 그리고, 소원을 소리로 내뱉기만 하였다. 그것이 현실이 되어 나에게 나타나게 된 것이다.

나는 운전하는 것을 좋아한다. 노래를 들으며 드라이브를 하면 스트레스가 풀리고, 생각이 정리되는 기분이 든다. 그래서 자동차에 관심이 많고, 좋은 차를 타고 싶은 게 꿈이었다. 30대가 되어 어학원을 오픈하며 참 열심히도 살아왔다. 이번 년도 교육회사를 오픈하며 나에게 멋진 차를 선물해주고 싶었다. 하지만 내가 원하는 차를 구매하기엔 돈이 부족했다. 그래서 나는 매일 아침저녁으로 원하는 차를 타고 출근하는 상상을 했다. 핸들의 느낌을 느끼고 실내 인테리어를 살펴보며, 비상등을 켜보는 등 차량을 타고 할 수 있는 것들은 모두 다 해보려고 노력했다. 매일 상상할수록 더 생생하게 다가왔다.

그러던 어느 날 지인을 통해 원하는 차량을 좋은 기회에 살 수 있다는 소식을 들었다. 내가 당장 지불할 수 있는 돈으로 원하는 차를 바로 계약할 수 있었다. 그리고 나는 12월 24일 크리스마스 선물처럼 GV80 풀옵션 차량을 받았다. 그날이 정말 잊혀지지 않는다. 불과 내가 상상을 시작한지 약 한 달도 되지 않아서 내가 원하는 차량을 가지게 되었다. 지금도 그 차를 타고 출근을 하지만 아직도 믿기지 않는다. 이 차가 내 차라는 것이 말이다. 상상이 현실이 되는 순간이었다. 그러한 순간들이 나에게 많이 찾아왔다.

어학원을 운영한 지 2년차가 넘어갈 때 '우리 아이들이 실제로 미국에 가서 학교생활을 해보면 어떨까?'라는 생각이 들었다. 그리고 아이들이 왜 영어를 배워야 하는지 직접 경험하며 동기부여를 받길 원했다. 그래서 미국의 여러 학교들과 컨택하여 미팅을 하기 시작했다. 작은 인원이 참여할 예정이라고 하자 경제적인 이득이 없고 위험 부담이 있는 우리를 미국 학교 측에서도 선뜻 허가해주지 않았다. 여러 학교들이 거절의 메시지를 보내왔다. 하지만 나는 포기하지 않았다.

한 번에 승낙을 받겠다는 생각은 애초에 없었다. 그래서 꼭 캠프를 진행하겠다는 목표로 매일 아침저녁으로 내가 미국 학교 아이들과 함께 수업을 듣고 있는 상상을 했다. 수업이 끝나면 관광지로 여행도 다녔다. 직접 가보지 못한 도시였지만 마음속의 그림으로 우리가 지내고 있는 집과 학교의 모습이 생생하게 그려졌다. 매일 상상하다 보니 또 한 번의 확신이 들었다. 나에게는 '결국 캠프를 진행하게 될 것이니 계속해서 연락해보자!'라는 자신감이 생겼다. 우리 학생들을 스쿨링에 참여시켜주고 싶은 나의 마음을 계속적으로 진솔하게 표현했다.

그러던 어느 날 여러 학교에서 나의 진심과 열정에 감동받았다며 당신의 열정으로 멋지게 캠프를 함께 기획해보자고 했다. 그 순간 소리쳤다.

"가람아, 네가 해냈다. 네가 너무 자랑스러워!"

그때의 감동을 아직도 잊을 수 없다. 내가 혼자 여행을 가거나 하는 것이 아닌 우리 아이들의 보호자의 자격으로 미국에 가서 한 달 살이를 하는 것인데 이상하게 전혀 두렵지 않았다. 그래서 더욱더 적극적으로 미국의 학교들에 연락하며 아이들이 스쿨링 할 수 있는 학교들과 파트너쉽을 통해 캠프를 진행할 수 있게 되었다.

그래서 나는 한 달간 미국으로 떠났다. 내가 가본 도시가 아니였지만 매일 상상으로 그린 도시의 모습, 학교의 모습과 비슷했다. 그래서 마치 예전에 왔었던 곳처럼 편안했다.

그 이후로 3회의 캠프를 더 진행했다. 아이들의 보호자 자격으로 캠프를 진행한다는 것은 생각보다 쉽지 않았다. 한 달을 함께 먹고, 자고, 생활하는 것이기에 내가 10명의 학생의 보호자였던 것이다. 그래서 새벽까지 잠 못 이룬 날들이 대부분이었다. '안전하고 즐겁게 생활하다 가야 한다.'라는 생각 때문에 정작 나는 잠을 못 자고 밥을 못 먹더라도 아이들에게 최선을 다하려고 노력했다. 낯선 환경에서 변수도 많았다. 그 많은 것들을 이겨내고 무사히 아이들과 함께 한국으로 돌아왔다. 그것을 한 번도 아닌 세 번이나 큰 경험을 했다.

아이들과 함께 가서 경험하며 나의 꿈도 점점 커졌다. 아이들에게 어떻게 영어를 교육해야 하는지 더욱더 명확해졌다. 나의 학원에서 변화해야 할 부분들도 하나씩 수정해나갔다. 그래서 지금은 어느 어학원보다 더 체계적인 커리큘럼으로 수업이 진행되고 있다.

또 하나의 쾌거는 내가 아이들과 매년 캠프를 오는 열정적인 모습을 보고 미국 사립학교에서 한국에서 미국 학교의 졸업장을 줄 수 있는 파트너쉽 계약을 요청했다. 감사하게도 현재는 유학을 가지 않고도 한국에서 미국 사립학교의 졸업장을 취득할 수 있는 교육기관으로 함께 운영되고 있다. 정말 놀랄 만한 일들을 나는 1년에 걸쳐 모두 해냈다.

엄마는 항상 말씀하신다.

"조그만한 게 배포는 커서, 참 대단도 하다."

"힘들거나 지치지도 않냐고, 어디서 그런 용기가 나오냐? 내 딸이지만 대단하다."라고 말씀 하신다. 나는 알고 있다. 나의 열정과 용기가 어디서 나오는지, 바로 내 생각, 내 마음속에서 나오는 것이다.

지금 꿈을 향해 나아가는 많은 분들에게 이야기하고 싶다. 꿈을 이루는 쉬운 방법이 있다면 한번 믿고 따라 해보면 좋겠다. 나보다 성공한 사람들이 한 행동들을 한 치의 의심 없이 따라 했을 뿐이다. 그들이 한 말을 믿고 매일 실천했을 뿐이다. 그래서 내가 원하는 것들을 이루어냈다.

지금은 원하는 것을 이루어내기가 더 쉬워졌다. 이제 내 잠재의식 속에 성공의 습관이 시스템으로 정착되어버렸기 때문이다. 믿고 될 때까지 매일 반복해보길 바란다. 그러면 당신도 원하는 것을 꼭 이루게 될 것이다.

2장

생각만 하기는 쉽다 이제 **행동하라**

01

생각과
망상의
차이

    내가 매일 하고 있는 생각이 진정으로 생각하고 있는 것인지, 망상인지 체크해본 적이 있는가? 아마 내가 망상을 하고 있을 거라는 생각은 절대 하지 않을 것이다. 하지만 많은 사람들이 생각보다 많은 시간을 망상 속에서 보내고 있다. '내가 망상을 하고 있다고?' 믿기지 않겠지만 아래의 사전적 의미를 살펴보면 조금은 이해가 될 것이다.

    망상의 사전적 의미는 '허망된 생각'이다. 사실과는 다른 생각(false belief), 그 사람의 교육 정도, 환경과 부합되지 않고 현실과 동떨어진 생각이라는 특성이 있다. 이성이나 논리적인 방법으로 교정되지 않는 사고

장해이다. ('네이버 지식백과' 참조)

    우리는 매일 일하는 시간을 제외하곤 SNS 활동들을 한다. 다른 사람의 생활을 보며 부러워하고 나와는 다른 현실을 보며 갑자기 우울감에 빠지거나 무기력해지기도 한다. 그 사람이 나에게 뭐라 하지 않았는데도 말이다. 그냥 혼자서 다른 사람들의 생활을 보며 내가 나 자신에게 상처를 주는 것이다. 너는 왜 저렇게 살지 못하느냐고, 스스로를 자책하고, 못난이 취급을 한다. 현실에서의 아무 노력없이 그것을 가지고 싶은 간절한 마음이 너무나 간절하면 내가 그것을 가지고 있다고 착각하는 망상에 빠지기도 한다.

    그렇다면 진정으로 생각한다는 것은 무엇일까?

    어떠한 생각을 하였을 때 현재 나의 위치를 객관적으로 인정하며, 미래를 위한 건설적인 생각을 하는 것이 진정한 생각이다. 이제 더 이상 남과 비교하며 자신을 자책하지 말자. 그것이 망상에 빠지는 지름길이다. '아~가지고 싶다. 이루고 싶다.'라는 생각만 가득하고 현실에서 한 발짝도 나아가지 않고 행동하지 않는다면 그것은 생각이 아니라 망상이다.

    진정으로 생각한다는 것은 내가 세운 계획들을 실행하는 데에 있다.

내가 진정으로 원하는 생각을 했고, 그것을 이루려면 행동해야 현실에 나타나는 것이다. 이것이 제대로 된 생각이다.

많은 사람들이 새해가 되면 버킷리스트를 써본다. 올해에 이루어야 할 목표를 새로 구입한 다이어리 제일 앞장에 적어두고 꿈과 희망을 담아본다. 하지만 작심삼일이 되고 마는 것은 나만 겪은 일이 아닐 것이다. 새해 첫날과 그 이후 며칠 동안 버킷리스트를 이뤄야겠다고 결심한 것은 온데간데없이 현실 속에 파묻혀 살아가게 된다. 그러다 연말이 되면 다이어리 앞을 되돌아본다.

이룬 게 하나도 없다. 왜 나만 발전이 없는 것인지 '역시 나는 안 돼.' 하고 나를 자책하며 한 해를 마무리하는 경우가 허다하다. 나 역시 예전에 그렇게 한 해 한 해를 보냈다. 버킷리스트를 쓰고 이룬 것이 하나도 없었다. 매년 새로운 계획만 가득할 뿐이었다.

특히 운동하기와 영어 공부하기는 버킷리스트의 인기 리스트이다. 매년 영어 공부와 운동을 위해 영어 학원, 헬스장에 가져다 준 돈만 해도 얼마인가? 아마 많은 분들이 공감할 것이라 생각한다. 이제 버킷리스트를 망상으로 흘려보내는 일은 끝내 버리고 꼭 이루어낼 수 있도록 건설적인 생각을 할 수 있기를 바란다.

나는 20대 초반 힘든 우울증의 시기를 보냈었다. 그 당시 나는 망상으로 가득한 하루를 보냈다. 그래서 20대의 소중한 시간을 많이 허비했다. 연예인들처럼 유명해져서 명예도 얻고, 돈도 많이 벌어서 좋은 집과 좋은 차를 소유하고 싶었다. 그래서 매일 그것들을 가지면 좋겠다는 생각만 했다. 하지만 나의 눈앞의 현실은 매일 바라는 생각에는 1%도 다가가지 못했다. 매일 바라는 꿈과 현실의 격차를 받아들이지 못해 우울감에 빠져서 헤메고 있었다.

'내가 무슨 저런 집과 차를 가질 수 있겠어? 지금 현실이 이런데.'
'나는 못 하겠어. 자신이 없어. 두려워.'

이런 생각들에 갇혀 내가 바라는 꿈을 정말 꿈처럼 꾸었던 것이다.

그 꿈에 다가가기 위한 어떠한 행동도 하지 않은 채 말이다. 그러니 이루어질 수 없는 건 당연했다. 주변에서 그런 나를 보며 "니가 바라는 대로 될 수 있어. 그러기 위해서는 얼른 우울증을 털고 일어나서 뭐라도 해야지."라며 안타까운 모습으로 나를 바라봤다.

나도 알았다. 내가 행동하지 않아서 이루어지지 않았다는 것을. 그런데 용기가 안 났다. 그냥 자고 일어나면 내가 원하는 것들이 다 이루어져 있으면 좋겠다고만 생각했다. 아무런 노력도 없이 말이다. 지금 노력을 해도 그것을 가질 수 있을 것이라는 확신도 자신감도 없었기 때문이다. 나는 그때에 도둑놈 같은 심보를 가지고 있었다. 그래도 나는 늘 미래를 계획적으로 생각하고 있다고 생각하며 스스로를 위로했다.

하지만 명백한 망상이었다. 너무 그렇게 되고 싶기에 꿈을 하루에도 몇 번씩 혼자 이루었다, 무너뜨렸다 한 것이다. 그렇게 바보같은 생각으로 20대를 날린 것을 생각하면 너무 안타깝다. 되돌려 달라고 소리치고 싶다. 그래서 젊은 청년들 중 나와 같이 망상으로 인해 힘든 시간들을 보내고 있다면 내 책을 읽고 꼭 다시 한 번 용기내어 일어나길 바란다.

소중하고 아까운 20대의 시간을 하루빨리 되찾기 바란다. 그들에게 나의 메시지가 조금이라도 도움이 되면 좋겠다. 이것이 내가 생각 공부 과정을 운영하는 이유이다.

나처럼 생각 변화로 인생을 변화시키고 싶은 분들은 나의 드림석세스 스쿨에서 진행하는 생각 공부 과정을 들어보길 바란다. 하루라도 아까운 시간을 버리지 않기를 바란다. 내가 놓친 나의 소중한 시간들을 나의 도움이 필요한 분들에게 쏟아 붓는다는 생각으로 내가 경험하고 현재 결과를 내고 있는 방법들을 모두 알려주고 있다.

얼마전 TV에서 안타까운 일을 접하게 되었다. 한 여자분이 자신이 재벌가 딸이라며 남자들을 속이고 만나온 것이다. 알고 보니 그 여자분의 집은 굉장히 어려운 상황이었는데 재벌가 딸 행세를 하며 좋은 집과 좋은 차를 타고 수억 원치의 명품 가방을 사고 선물했던 것이었다.

그리고 곧 몇천 억의 상속을 받게 될 거라며 남자들에게 신뢰를 얻고 남자들에게 카드값 명목으로 돈을 받아냈던 것이다. 그 여자분은 정말 그렇게 살고 싶었을 것이다. 하지만 현실의 본인은 그런 것들을 절대 누릴 수 없었기에 재벌가 딸이 되었다는 망상 속에서 일들을 벌였을 것이다. 생각보다 요즘 사회에서는 이러한 일들이 많이 발생하고 있다. 나의 사생활을 노출하고 공유하는 SNS의 발달로 더더욱 젊은 친구들이 이렇게 망상에 빠져 자신이 원하는 삶을 누리기 위해 잘못된 판단을 하는 것이다.

나 또한 망상 속에 있어본 적이 있기에 그 여자분이 조금이라도 빨리 망상 치료를 받았으면 어땠을까? 너무 안타깝다. 그녀가 거짓을 통해 다른 사람에게 돈을 갈취하고 계속적인 사기 행각을 벌인 것은 처벌을 받아 마땅하다. 그 여자분은 자신이 처한 현실을 회피하고 싶었을 것이다. 그 현실이 너무 고통스러웠기에 망상 속의 자신을 선택한 것이다. 다른 사람에게는 나의 마음을 다 이야기하기 어려워 실제 망상 속에 있는 시간이 있음에도 이야기하지 못하는 경우들이 많이 있을 것이다. 이것은 정신병이 아니다.

약물을 먹어야지만 치료가 되는 경우는 극히 병적인 망상일 경우다. 남에게 피해를 주지 않지만 자신이 혼자 꿈과 현실의 격차에 대한 부분으로 망상을 겪고 있다면 병원에 가지 않아도 된다. 내 현실을 객관적으로 받아들일 용기를 가지면 된다. 그리고 새롭게 생각을 세팅하면 다시 태어난 것처럼 머리가 가볍고, 미래가 밝아지는 것이다.

나는 망상에 빠져 20대를 보내었고, 30대엔 생각 변화로 인생을 완전히 변화시켰다. 그러니 말 못 할 고민에 빠져 있다면 나에게 편하게 이야기하길 바란다. 어떠한 편견도 없이 당신이 나아가야 할 방향을 제시해 주고, 당신의 마음을 함께 공감해줄 준비가 되어 있다. 당신 편이 되어줄 수 있다. 나 또한 그때의 당신과 같았기에….

02

나는
생각하고
즉시 행동한다

내가 존경하는 나폴레온 힐은 이렇게 말했다.

"충분한 확신을 가지고 믿음에 맞춰 행동한다면, 당신은 뭐든지 될 수 있다. 왜냐하면 뭐든지 마음에 품고 믿기만 하면 이루어질 수 있기 때문이다."

이처럼 생각만 하는 것이 아니라 그 생각에 대한 확신을 가지고 행동해야 내가 원하는 것을 이룰 수 있다. 가만히 앉아서 바라기만 하고 상상만 한다면 어떤 일도 일어나지 않는다. 그에 맞는 행동이 있어야 한다.

성공한 사람들의 대부분은 계획을 세우는 즉시 실행한다. 차일피일 미루거나 작심삼일로 끝내지 않는다. 큰 계획을 세우고 지금 당장 내가 할 수 있는 것부터 시작한다. 행동을 해나가며 잘못된 부분들을 수정해나간다. 그리고 결국 자신들이 원하는 것을 이루어낸다.

행동하지 않으면 어떤 부분을 수정해야 하는지 알 수 없다. 더 좋은 방향으로 나아가기 위해 행동하면서 피드백을 얻어야 한다. 그래야 점점 더 발전할 수 있다.

많은 사람들이 행동의 중요성을 알고 있다. 하지만 쉽게 행동하지 못한다. 그 이유는 무엇일까? '그게 과연 될까? 내가 할 수 있을까? 실패하면 어떻게 하지?'라는 두려움과 의심 때문에 행동하지 못하는 것이다. 두려움은 누구나 느끼는 감정이다. 나만 두려운 것이 아니라는 것이다. 그렇다면 모두가 느끼는 두려움을 이겨내는 사람만이 성공하는 것이 아닐까?

내가 원하는 것을 마음속에 그린다고 해서 현실로 나타나는 것이 아니다. 그 상태가 되었다고 생각하며 그에 걸맞는 행동을 했기 때문에 현실에 나타난 것이다. 예를 들어 내가 학생들이 100명씩 오기를 매일 마음속에 그리기만 해서는 갑자기 하늘에서 100명의 학생이 떨어지지 않는다. 내가 100명의 학생이 오기를 상상하며, '그렇게 오기 위해서는 내가 어떻게 해야 할까?'를 생각한 후 광고를 하는 것에 집중하거나, 새로 클래스를 오픈하여 아이들을 모집한다.

이렇듯 내가 마음속에서 그린 그림에 대한 확신을 가지고 앞으로 나아가는 행동을 하는 것이다. 처음 행동을 시작하기가 두렵다. 하지만 한번 용기를 내어 해보고 나면 다음번은 훨씬 더 편하고 쉬워진다. 그러니 두려움을 버리고 그냥 한번 시작해보자.

나는 20대 때부터 '젊은 친구가 추진력이 좋다.'라는 이야기를 많이 들었다. 좋게 말해 추진력이지 무작정 저지른다는 뜻이었다. 그 당시에는 젊음과 자신감만 가지고 충분한 계획없이 무작정 저질렀기에 시행착오도 많았고, 그래서 실패도 많이 했다. 그러한 경험들이 쌓이면서 도전에 대한 두려움이 점점 사라졌다. 오히려 나에게 새로운 도전은 설레고 늘 흥분되는 것이었다.

그래서 나는 내가 해야겠다는 생각이 들면 많은 경우의 수를 두고 따져보지 않는다. 내가 하겠다고 마음먹으면 그냥 무작정 해버린다. 그것을 결정하고 내가 후회를 하더라도 해봐야 미련이 없기 때문이다. 나는 다른 또래의 사람들에 비해 많은 경험들을 해보았다. 행동으로 옮기고 보는 성향 때문에 참 다양한 경험을 많이 했다. 그때의 다양한 경험들이 쌓여 지금 교육회사를 운영하는 데 여러 방면으로 많은 도움을 받고 있다.

대부분의 사람들에게 생각한 것을 행동으로 옮기는 것에 대해 가장 두려운 것은 경제적인 리스크일 것이다. '내가 이것을 배우는 데 투자해서 돈이 없으면 어떻게 하지? 내가 직장을 옮겨서 생활비가 없으면 어떻게 하지? 내가 이 돈을 잃으면 어떻게 하지?' 등등 돈에 대한 걱정이 먼저 앞설 수도 있다. 나 또한 새로운 것을 시작할 때 이 부분이 가장 두려웠다.

아무리 추진력이 좋은 사람이라 해도 돈 앞에서는 조심스러워지기 마련이다. 하지만 나는 그 고민 앞에서도 언제나 'GO!'였다. '이 돈이 사라진다고 해도 나는 꼭 해낼 거야.'라는 마음이었다. 내가 가진 것으로 부족할 땐 대출을 내서 행동으로 옮긴 경우도 있었다. 꼭 해내겠다는 간절함이 내가 돈을 잃을까 봐 걱정하는 두려움보다 더 컸기 때문이다.

실제로 돈을 날리기도 하고, 그 이상 몇 배로 돈을 벌기도 했다. 그런 경험들을 하며 다음 더 좋은 방향으로 가기 위해 한 번 더 살펴보고, 내가 원하는 방향으로 이끌어갔다. 어쨌든 도전을 했기에 실패든 성공이든 결과가 있는 것이다. 도전하지 않고는 어떠한 결과도 낼 수 없는 것이 진리이다. 가만히 앉아서 돈이 떨어지기를 기다리는 사람만큼 망상에 가득

찬 사람도 없을 것이다. 나보다 성공한 많은 사람들을 보며 '저 사람은 아무 노력을 안 해도 좋은 차를 타고 좋은 집에 사네, 금수저라 좋겠다.'라며 쉽게 이야기를 하는 경우가 많이 있다. 물론 아무 노력없이 그렇게 살고 있는 복 받은 사람도 있을 것이다. 하지만 대부분의 사람들이 그것을 누리기 전까지 많은 도전과 실패를 경험했고, 부자의 삶을 즐기기 위해 보통 사람들의 몇 배를 더 도전하고 노력한다는 것을 이제 나는 안다.

내가 돈이 없을 때보다 현재가 더 바쁜 것만 봐도 그렇다. 노예처럼 일만 해서가 아니다. 이제 내가 알아야 할 세금에 대한 공부, 투자에 관한 공부 등 점점 더 성장하기 위해 업무 시간 외에 공부할 시간이 추가로 필요한 것이다. 부자라고 해서 매일 놀고 먹는 것이 아니다. 부자들은 그들의 재산을 지키기 위해 끊임없이 배우고 행동한다는 것을 알아야 한다. 아무것도 안 하고 부자가 되고 싶다는 마음을 가진 사람은 애초에 부자가 될 생각을 해서는 안 된다.

또 하나의 행동을 하기 두려운 이유는 다른 사람의 시선 때문일 것이다. 우리나라 사람들은 다른 사람의 시선에 많은 신경을 쓰며 살아간다. 내가 인간관계를 하기 어려워했던 이유 중 하나가 바로 이것 때문이다. 다른 사람이 나를 어떻게 생각할까? 이것이 너무나 큰 고민이고 두려움이었다. 언제나 그 기준으로 내가 해야 할 중요한 결정들을 해나갔다. 나의 의견보다는 다른 사람에게 보여지는 모습을 먼저 생각한 것이다.

그 당시에 나는 자존감이 많이 낮은 상태였기 때문에 나의 의견은 이미 묵살된 지 오래이고 늘 다른 사람의 시선과 기준에 맞추려 애썼다. 그래서 늘 내가 원하는 것이 없었다. 그것이 뭔지 몰랐다. 친구들이 무엇을 먹을지 물어보면 항상 나의 대답은 "몰라, 아무거나!"였다. 아마 나처럼 이런 사람들이 많이 있을 것이다. 정말 몰라서일 때도 있고, 다른 사람을 생각해서 말하느라 그냥 내 생각을 말하지 않을 때도 있을 것이다.

다수가 결정하는 것에 따라야 다른 사람의 시선에서는 내가 좋은 사람으로 비춰질 수 있을 거라는 생각 때문이다. 이렇게 밥먹는 것 하나까지도 다른 사람의 시선을 생각했으니 당연히 인간관계가 피곤할 수밖에 없었다. 지나고 보면 다른 사람이 내 인생을 살아줄 것도 아닌데 왜 그렇게 그것에 집착하고 내 인생을 그 기준에 맞추었나 싶다.

무엇을 결정하고 행동했을 때 다른 사람의 시선이 두려운가? 그러면 당장 그러한 두려움을 쓰레기통에 넣어도 좋다. 그 사람은 나에게 생각만큼 관심이 없다. 본인 인생을 살기에도 바쁘기 때문에 내 인생에는 관심이 없다. 그냥 당신에게 영혼 없는 부정적인 말 한마디 던지는 것 그뿐이다. 그러니 그런 말도 흘려들으면 된다. 그냥 생각 없이 아무말이나

툭 던지는 그런 사람일 뿐이니까!

내 인생의 주인은 '나'이다. 부모님의 시선, 친구들의 시선, 동료의 시선 등은 중요하지 않다. 다른 사람들의 시선보다 중요한 것은 내가 나를 바라보는 시선이다. 나에 대한 확실한 믿음을 가지면 내가 원하는 인생을 설계하고 두려움 없이 행동할 수 있다. 지금은 나에 대한 확고한 믿음으로 모든 일을 진행하기에 한 치의 두려움도 없다. 내가 나를 바라보는 시선이 확고하고 자신을 믿는 것만큼 중요한 것은 없다.

당신도 진정으로 원하는 것을 이루고 싶은가? 그렇다면 지금 당장 눈을 감고 내가 원하는 그림을 마음속에 그려라. 그리고 그 속의 나에게 어떠한 방법으로 그것을 이루었는지 물어보아라. 그러면 성공한 나는 정확한 해답을 알려줄 것이다. 마음속에서 하는 소리를 들어라. 그리고 그 해답이 알려주는 대로 망설이지 말고 바로 행동하라. 그렇다면 당신은 곧 원하는 현실과 마주하게 될 것이다.

이것은 내가 경험했고, 또 경험하고 있기에 자신있게 추천하는 방법이다. 당신도 상상이 현실이 되는 것을 경험할 수 있다. 단, 행동을 했을 때에만 이루어진다는 것을 명심해야 한다.

03

행동함에 있어
최고의 적은
두려움이다

"가람아, 아무것도 안 하고 계속 방에만 있을꺼가?"
"뭐라도 시도해야 할 거 아니가?"

엄마의 목소리가 들려왔다. 엄마의 목소리 속에는 답답함이 가득했다. 아무것도 시도하지 않고 방에만 갇혀 있는 듯한 나에게 엄마는 매일 같이 이렇게 이야기했다. 나는 아무것도 하고 있지 않는 것처럼 보였지만 매일 머릿속에서 수십 개를 도전했다가 실패하고 있었다.

무언가를 도전하려면 밖으로 나와 도전을 해야 하는데, 실패가 두려워

실제로는 행동하지 못하고, 머릿속에서만 행동했던것이다. 엄마는 이런 나의 마음을 알 리가 없었다. 아무런 대답도 할 수 없었다. 실제로 아무 것도 하지 않고 있었기 때문이다. 그때의 나는 실패가 왜 그렇게 두려웠 는지, 지금 생각해보면 참 안쓰럽다. 도전해보지도 않고 두려움에 떨었 다는 것 자체가 많이 안타깝다.

실제로 많은 사람들이 자신의 꿈을 향해 달려가기 위해 계획을 세우 고, 한 걸음씩 나아가려 한다. 하지만 곧 그 꿈은 주저앉고 마는 경우들 이 많이 있다. 왜 계속 달려가지 않느냐고 물으면 대부분 이렇게 대답한 다. "겁이 나서, 안 될까 봐 두려워서."라고 말이다. 조금 시도해보다 두 려움 앞에서 무너지는 것이다. 더 나아가보면 별 것 아닐 수도 있는데 제 대로 시작도 해보지 않고 포기하는 것과 같다.

그렇게 포기를 선언하고 다른 사람들이 왜 그것을 하지 않느냐고 물어 보면 "해보니 별로라서, 그게 생각처럼 쉬운 것이 아니야."처럼 다양한 핑곗거리를 대며 자신이 포기한 이유에 대해서 자기를 합리화하게 된다.

성공한 사람들의 대부분은 이러한 두려움 앞에 굴복하지 않고 자신을 믿는 확고한 신념으로 앞으로 나아갔다. 두려움 따위는 들어올 자리가 없을 만큼 확고한 신념으로 가득하다.

확고한 신념을 가지기 위해 내가 매일 아침 읽는 글이 있다. 나폴레온 힐의 『생각하라 그리고 부자가 되어라(Think and Grow rich)』에서 나오는 강한 신념을 가질 수 있는 방법에 대한 것이다.

"무엇인가가 되고 싶다면 신념을 갖는 것이 그 첫걸음이다. 자, 신념을 갖자. 반드시 이루겠다는 신념을 갖자. 신념은 나의 사고에 생명과 힘을 준다. 신념은 과학으로도 풀 수 없는 기적을 부른다. 신념은 나를 절망에서 끌어내주는 마법의 약이다. 신념은 나의 고정 관념을 파괴하는 다이너마이터다. 나는 이제 신념을 지녔다. 그러므로 무서운 것은 아무것도 없다."

나는 이 말을 매일 아침 반복하여 읽는다. 내가 반드시 이루겠다는 신념을 가지면 두려움은 자연스럽게 사라지게 된다. 두려움이 자리한 곳에 신념을 새기자. 그렇다면 이루고 싶은 모든 것을 이룰 수 있는 힘을 가지게 된다.

혹시 자전거를 처음 탈 때 기억이 나는가? 한 발을 올리고 나머지 한 발을 올려 페달을 밟을 때 중심을 못 잡고 넘어질까 두려움이 가득했던 기억이 있을 것이다. 걱정했던 대로 넘어지기도 한다. 그런데 막상 넘어져보면 내가 생각했던 고통보다 크지 않다는 것을 느끼게 된다. 그리고 다시 일어나서 도전해볼 용기가 생겨난다.

우리가 세운 목표에 도전할 때도 이와 같다. 걱정하고 두려워했던 대로 어렵거나 실패할 수도 있다. 그러나 내가 생각했던 고통은 아닐 경우가 더 많고, 그 경험을 통해 새롭게 방향을 수정해나갈 수 있어 더 좋은 방향으로 나아가기도 한다. 그러니 행동하기를 주저하지 말고 무작정 시도해보는 방법을 추천한다.

나의 둘째 동생은 발레를 전공했다. 처음 발레를 배우고 토슈즈를 신기 시작할 때였다. 연습 슈즈와는 달리 앞부분의 딱딱한 코에 의지하여 몸 전체의 체중을 싣고 몸을 움직여야 하는 매우 어려운 것이었다. 동생이 처음 토슈즈를 신었을 때가 중학생 때였다. 처음 토슈즈를 신고 왔던 날 발톱에 멍이 들고 피가 나서 집으로 돌아왔다. 발가락을 펼 수 없다고 너무 고통스러워 했다. 그리고 그다음 날 다시 신어야 하는데 무서워서 신지 못하겠다고 울었다. 하지만 엄마와 목표에 대해 이야기한 후 동생은 용기내어 다시 한 번 토슈즈에 몸을 맡겼다. 그렇게 몇 번의 발톱이 빠지고 나서야 동생은 고통에서 조금은 벗어날 수 있었다.

발톱이 빠지는 고통이 얼마나 컸을까? 그다음 날 동생은 다시 그 고통의 두 배 이상을 느껴야 하니 얼마나 두렵고 무서웠을까? 그렇지만 자신의 꿈을 이루기 위해 다시 한 번 두려움을 이겨내고 도전한 것이다. 동생은 그 이후로 몇 번의 고통이 지나가고 점점 무감각해져갔고 예고에 입학하고 무용과를 졸업하며 자신의 꿈을 이루어냈다.

어린 시절을 생각해보면 두려웠지만 용기내어 해낸 것들이 많이 있다. 아이스스케이트, 인라인스케이트 타기, 각종 경연 대회에 나간 경험들, 피아노, 태권도 등 새로운 것들을 배울 때 우리는 긴장되고 두려웠다. 그렇지만 용기를 내서 해낸 것이다. 우리에게는 이미 두려움을 물리칠 수 있는 힘이 어릴 때부터 있었다. 성인이 되어가는 과정에서 여러 번의 시험들, 과한 경쟁들 속에 실패를 경험하다 보니 더이상 실패를 하고 싶지 않아 두려운 것이다.

우리 학원의 학생 중에 본인이 하기에 힘든 과제를 주면 이렇게 긍정적으로 이야기하는 학생이 있다.

"뭐, 죽는 것도 아니잖아요. 뭐든 죽는 것만 아니면 다 할 수 있어요."

이렇게 말하며 스스로를 격려하기도 한다. 이 학생은 초등학교 3학년 때부터 이런 말을 자주 했고, 현재 중학생이 되어서도 밝고 명랑하게 성장하고 있고, 토플시험을 준비하며 다른 학생들에 앞서서 어려운 과정을 긍정적으로 잘 해내가고 있다.

이 학생의 말과 같이 죽는 것도 아닌데 두려워도 도전해볼 만하지 않는가? 죽는 것보단 어렵지 않으니 그냥 해보라는 말이다. 어린 학생도 두려움 앞에서 굴복하지 않고 자신의 뜻에 따라 나아가는데 성인이 된 우리들은 두려움 앞에서 굴복하지 않아야 한다.

나는 두려움을 없애고 도전을 해나가며 내가 원하는 삶을 살아갈 수 있게 되었다. 이제 나는 어떠한 일을 시작함에 있어 두려움이란 없다. 오직 반드시 이루어내겠다는 마음만 가득하다. 대부분의 사람들이 두려움 때문에 많은 기회들을 놓치게 된다. 그리고 나중에는 큰 후회로 다가오기도 한다. 내가 앞서 안내한 두려움을 없앨 수 있는 방법들을 한번 따라 해보길 바란다. 우리에게는 매일 너무 많은 기회들이 오고 있으니 그 기회를 놓지지 않기 위해서 말이다. 나에게 오는 모든 기회들은 놓치지 않고 잡겠다는 마음으로 내가 원하는 삶을 향해 도전하고 나아가야 한다. 그래야 진정한 성공자로 살아갈 수 있게 된다.

04

매일 작은 실천이
큰 결과를
만든다

우리나라 속담에 "티끌 모아 태산이다."라는 말이 있다. 작은 것이 모여서 큰 것이 된다는 의미이다. 나는 예전에 이말을 들었을 때 그리 와닿지 않았다. 작은 돈은 무심하게 생각했다. 그래서 정작 큰돈이 필요할 때 돈이 없었다. 무심하게 생각했던 돈을 모았었더라면 내가 필요로 할 때 큰 힘이 되었을 것이다. 나는 절실하게 돈의 소중함을 느낀 이후부터 무심코 지나친 작은 돈에게도 고마움을 표시하고 소중히 다룬다.

작은 돈이 모여 큰돈이 되는 것처럼 우리가 매일 하는 작은 행동들이 모여 습관을 만들고 그 습관들이 모여 우리의 인생을 바꾼다.

나는 큰 목표를 세우고, 그 목표를 세분화시켜서 당장 시작할 수 있는 것부터 한다. 그럴 때 가장 중요한 것은 내가 할 수 있는 양만큼 세분화하는 것이다. 예를 들어 나의 목표를 "영어 단어 100개 외우기!"로 잡았다면 하루 50개, 100개가 아닌 매일 10개씩 외우기로 목표를 나누어 내가 가능한 만큼 나누어서 해야 한다. 그렇게 매일 10개씩 꾸준히 할 수 있도록 매일 나를 점검하고 격려해야 한다.

그 작은 습관들이 모여 큰 것들을 많이 이룰 수 있다. 작년부터 매일 작은 실천으로 많은 것들을 이루었다. 매일 작은 실천으로 책을 1,000여 권 이상 읽었으며, 영어 관련 자격증을 2개 더 획득했고, 명상 자격증, 긍정심리학 코칭 자격증도 획득했다. 단번에 이루어낸 것이 아니라 매일 조금씩 실천한 덕분이었다. 물론 실행하다가 중간에 지칠 때도 있었다.

그럴 때에도 나는 예전에 쉽게 포기했던 모습을 떠올리며 '지금 포기하면 예전의 삶으로 돌아간다.'라고 생각하고 정신을 번쩍 차린다. 그래서 하기 싫은 순간이 와도 무작정 책을 펼치거나 책상 앞에 앉는 것부터 한다. 그러면 하기 싫다는 생각은 몇 분 후면 자연스럽게 사라진다. 그리고 또 해내는 하루가 되는 것이다. 무엇인가를 해내는 것으로 하루를 시작하면 그날 하루는 무언가 모르게 자신감이 넘치고 뿌듯한 하루를 경험하게 될 것이다.

매일 조금씩 실천하라고 이야기를 하면 답변으로 꼭 듣는 이야기가 있다. 바로 "시간이 없어서요~!"라는 말이다. 나도 알고 있다. 당신이 시간이 없다는 것을. 출근 전은 일어나기가 너무 피곤하고, 퇴근 후는 저녁을 먹고 나서 조금 휴식을 취하다 보면 10시, 11시가 된다는 것도 알고 있다. 나 또한 동일한 패턴으로 생활했기 때문에 충분히 공감한다. 그런데 가만히 나의 시간들을 되돌아보면 쓸데없이 버리는 시간들이 많다는 것을 알 수 있다. 그 시간들만 버리지 않고 잡아두어도 원하는 것들을 이루기 위해 매일 해야 할 일들을 할 시간은 충분히 생기고도 남는다.

자, 종이에 자신이 눈뜨고 나서 잠자기 전까지 어떤 시간에 어떤 것들을 하는지 적어보자. 그러면 내가 평소 시간을 어떻게 보내고 있는지 한눈에 볼 수 있을 것이다. 그것들 중에서 내가 무의미하게 흘려보내는 시간들은 없는가? 대부분은 허겁지겁 출근해서 지친 몸을 끌고 퇴근할 것이다. 나도 집에 가면 아무것도 하기 싫을 만큼 일을 하면서 많은 에너지를 쓴다. 그래서 퇴근 후에는 온전히 나만의 휴식 시간으로 비워둔다. 명상이나 감사일기 등을 쓰며 반드시 내면의 휴식도 함께 취할 수 있도록 한다. 다른 모든 것들은 모두 아침 시간을 활용한다.

나는 직업의 특성상 오전 시간이 조금은 자유로운 편인다. 그래서 오전 시간을 자기계발 시간으로 활용한다. 특히 나는 충분한 수면을 취해야 그다음 날 최고의 컨디션으로 에너지를 쏟을 수 있기 때문에 절대 수면 시간을 줄이지 않는다. 잠은 최소 7~8시간으로 꼭 자려고 노력한다. 그래서 일찍 잠에 드는 날에는 새벽시간부터 하루가 시작되지만 업무가 많아 늦게 퇴근하는 날에는 아침 8시~9시까지 충분한 수면을 취한다.

그 이후 나의 모닝 루틴을 시작한다. 직장을 다니는 분들은 대부분 7시 이전 퇴근을 하는 곳이 많으므로, 저녁에 자기계발을 하기 보다는 온전히 휴식을 취하며 에너지를 재충전하고 일찍 잠에 들어 새벽 시간을 활용해보길 추천한다. 나도 퇴근이 7시 이전이 되는 날은 다음 날 꼭 새벽 기상을 한다. 새벽이 주는 고요함이 너무 좋다. 전화벨도, 메시지도 오지 않는 온전한 나만의 시간은 하루 중 새벽시간뿐이다.

나의 직업적 특성을 고려하지 않은 채 미라클 모닝에 도전한 적이 있다. 모두들 새벽 기상하여 열심히 살아가는데 나만 잠에 빠져 있고 뒤처져가는 것처럼 느껴졌기 때문이다.

그래서 그날 바로 서점에 갔다. 미라클 모닝에 관련된 책들을 구매하고 책에 나오는 내용들 하나하나를 따라 했다. 그날은 업무가 많아 퇴근을 10시쯤 하게 되었는데, 미라클 모닝에 도전했기 때문에 꼭 새벽 5시 30분에 일어나야 했다.

나 자신과 한 약속이기에 꼭 지켜야 했다. 내가 만약 이것을 지키지 못하면 난 패배자가 되는 것이었다. 침대에 누우니 12시가 되었다. 나에게 수면시간은 이제 5시간 30분뿐이었다. 마음이 조급해지기 시작했고, 오지도 않는 잠을 청하느라 1시간을 소비했다.

마음은 더 조급해졌다. 그럴수록 잠은 더 오지 않았고 결국 새벽 2시가 다 되어서야 잠이 들었다. "일어나세요. 좋은 아침이에요!" 알람이 울렸다. 5시 30분이었다. 나와 한 약속이니 지켜야 한다고 생각했다. 곧바로 일어나서 물을 한잔 마시고 세수를 하러 갔다. 3시간 정도의 수면을 취해서인지 눈은 충혈되어 있었다. 그래도 나는 해야 했다. 그래야 열심히 산다는 증거가 되고 그래야 꿈을 이룰 수 있다는 생각밖엔 없었다. 피곤함을 뒤로 한 채 나의 모닝 루틴을 시작했다. 몸은 피곤해지고 일의 효율성은 점점 더 떨어졌다. 그래도 나는 뿌듯했다. 내가 미라클 모닝을 해냈기 때문이다. 그렇게 나는 일주일간 늦은 퇴근에도 미라클 모닝을 진행했고, 결국 일주일이 지나서 몸살이 나고 말았다. 내가 쓰는 에너지에 비해 수면시간이 턱없이 부족했던 것이었다.

각자 직업에 특성에 맞게 나에게 줄 수 있는 시간들이 다 다를 것이다. 다른 사람의 기준에 나를 맞추면 안된다. 나처럼 결국 오래하지 못하고, 몸만 힘들게 될 것이다. 현재 나의 생활 패턴에 맞게 나에게 투자할 수 있는 시간을 찾아내야 한다. 그래야 오래할 수 있고 하나의 습관으로 자리 잡을 수 있다. 지금도 책이나 유튜브를 보면 많은 분들이 새벽 기상을 하고 있다. 그중에는 새벽 기상이 맞는 사람도 있고, 오히려 더 일의 능률이 오르지 않는 사람들도 있다.

매일 새벽 기상에 성공하다 하루 늦잠을 잤다고 자책할 필요도 없다. 그만큼 몸이 충전할 시간이 더 필요했다고 생각하면 그만이다. 그리고 내일은 또 다시 새벽 기상을 하면 된다. 너무 자신을 압박하며 시간을 쓰지 않아도 된다. 편안해야 오래할 수 있는 것이다. 매일 꾸준히 어떠한 일을 한다는 것이 쉽지 않다. 그렇지만 그 꾸준함을 유지하면 반드시 내가 원하는 결과를 얻게 된다. 내가 그것들을 하나씩 경험하고 있기 때문에 자신있게 말할 수 있다. 좋은 습관들이 형성되면 당연히 좋은 위치로 갈 수밖에 없는 것 아니겠는가?

아이들에게만 매일 꾸준히 공부를 해야 한다고 다그칠 것이 아니다. 우리들부터 한번 체크해보아야 한다. 우리는 매일 꾸준히 하고 있는 것들이 있는지, 못 하고 있다면 왜 못 하고 있는지, 그것을 파악하면 아이들의 공부 습관도 쉽게 잡아줄 수 있다.

지금부터 매일 작은 것부터 실천하도록 해보아라. 의미 없이 SNS를 하면서 시간을 보내놓고는 실천할 시간이 없다는 핑계는 대지 마라. SNS를 할 시간이면 자기계발을 하기에 충분한 시간일 수 있다. 나를 위해 시간을 쓸 때에는 온전히 나에게만 집중해야 한다. 핸드폰은 잠시 멀리 두고, 나를 위해 쓰는 소중한 시간으로 매일 조금씩 목표를 위해 달려가야 한다.

05

두려움을
이기고
행동하는 방법

 내가 몇 년간 여러 도전을 하는 것을 보고 내 주변 지인들은 나에게 겁도 없다고 했다. 겁도 없이 학원을 확장하고, 교육회사를 설립하고, 미국 학교와 일을 하고, 비싼 집에 살고, 비싼 차를 사고, 또 그 이외의 여러 가지를 계획하는 나를 보면 그런 말들을 할 만하다.

 정말 내가 겁이 없을까? 나도 사람이라 겁이 난다. 즉, 두렵다. 도망가고 싶을 만큼 두려울 때도 있다. 하지만 그 두려움 속에 빠지지 않는 것뿐이다. 즉시 헤어나와 내가 꼭 해내겠다는, 어떠한 두려움도 극복하겠다는 강한 신념으로 이겨내기 때문이다. 이 모든 것들을 감당하기 위해

나는 내 자신과 대화하고 자신을 살피는 시간을 많이 가진다. 나는 모든 것은 내 안에 답이 있다는 것을 깨달았기 때문에 중요한 결정을 할 때면 항상 자신에게서 답을 찾는다.

그래서 나는 혼자 있는 시간이 어색하지 않다. 사람들을 자주 많나지 않아 고립되고 외롭다는 생각도 하지 않는다. 내가 앞으로 나아가기 위해서는 사람들과 만나는 시간보다 지금의 나에게 집중하는 시간이 더 필요하기 때문에 나와의 시간을 가장 소중하게 여긴다.

나는 우리 엄마와 외모만 빼고 모든 면에서 많이 닮았다. 엄마도 사내대장부처럼 아빠의 사업을 40년 넘게 이끌어왔다. 아빠의 사업이었지만 대부분의 일처리는 엄마가 맡아서 하였다. 어릴 때 내가 봤던 엄마는 늘 도전적인 모습이었다. 아빠가 큰 결정 앞에서 두려워할 때면 늘 엄마가 용기를 내어 "해보면 되지, 해서 안 되는 게 어디 있어? 우리는 잘할 수 있어. 한번 해보자."라는 말을 했었다. 그 말에 용기를 내고 아빠는 엄마의 결정에 따라 점점 앞으로 나아갔다. 그리고 자수성가의 꿈을 이루게 되었다.

나는 이런 엄마의 모습을 보며 우리 엄마지만 너무 자랑스러웠다. 그리고 너무 멋있게 보였다. 그래서 '나도 커서 엄마처럼 도전하는 사람이

되어야지.' 하고 다짐했었다. 내가 사업을 하며 큰 결정을 하거나 문제점
이 생겼을 때엔 항상 엄마의 조언을 듣는다. 엄마의 조언을 듣고 나면 언
제나 해결책이 보이고 마음이 편안해진다. 나에게는 엄마가 인생의 멘토
이다. 그 점이 언제나 감사하다. 그리고 나도 오랫동안 엄마와 같은 굳건
함으로 꼭 나의 꿈을 이루겠노라고 다짐한다.

　당신도 당신에게 힘이 되어주고, 방향을 제시해주는 인생의 멘토가 있
는가? 두려움을 극복하는 데 있어 멘토가 있다는 것은 아주 큰 힘이 된
다. 멘토는 다양한 분야에서 있을 수 있다. 지금 당신과 함께 같이 고민
해주고, 길을 안내해줄 수 있는 멘토를 찾아 함께하기를 바란다. 내가 나
의 책을 읽은 누군가의 멘토가 될 수 있다면 너무 감사할 것이다. 나는
그분들에게 아낌없이 나의 경험과 노하우를 알려주고, 그들의 성공을 함
께 지켜볼 것이다. 그러니 지금 당장 당신의 멘토가 되어줄 사람을 찾길
바란다.

　나의 둘째 동생은 본인이 무용을 전공했기에 무용 이외에는 다른 길을
생각해본 적이 없었다. 졸업을 할 당시 무용으로 성공하려면 무용가가
되는 것 말고는 길이 많이 제한적이었다. 하지만 국립 무용단이 아니면
큰 비전이 없었기에 다른 길을 생각해야 했다. 동생은 곧은 성격을 가지
고 있었다. 변화하는 것을 싫어했고, 안정적인 것을 추구하는 성향이었

다. 그런 동생에게 직업에 변화가 생긴다는 것은 아주 큰일이었다. 그래서 새로운 것에 도전하는 것에 많은 두려움을 느낄 수밖에 없었다. 비전이 없는 무용을 계속 해야겠다며 고집을 피우기도 하고, 무엇을 해야 할지 모르겠다고 막막해하기도 했다. 그런 동생에게 나는 새로운 길을 안내했다. 무용을 전공했기에 길쭉하고 예쁜 몸을 가지고 있었고, 몸을 잘 사용할 수 있다는 장점이 있었다. 그 당시 한국에 필라테스가 처음 도입되기 시작했기에, 필라테스 강사라는 직업을 소개했다. 그리고 그녀는 필라테스 자격증에 도전하게 되었다. 그 결과 현재 12년째 필라테스 강사로 활동하며 서울, 부산을 왔다 갔다 하며 지도자 과정을 지도하는 교육원장으로 활동하고 있다. 동생은 요즘 나에게 이런 말을 가끔 한다.

"내가 그때 새로운 것에 도전하지 않았더라면 지금 무엇을 하고 있었을까? 그땐 뭐가 그렇게 무서웠는지, 진짜 무서웠다니까, 무용을 안 하면 아무것도 할 수 없을 거라고 생각했었는데 진짜 바보 같았지."

이렇게 쿨하게 이야기를 하곤 한다. 그런 그녀를 바라보며 그렇게 소심하던 내 동생이 참 많이도 변했다는 생각이 든다. 그때의 큰 결정 이후 동생은 새로운 도전을 이제 곧잘 하는 편이다. 죽어도 한길만 걷겠다는 생각보다는 상황에 맞게 자신의 길을 선택할 수 있는 여유도 생겼다. 아마 우리 가족뿐 아니라 대부분이 겪는 일이라고 생각한다.

우리는 살아가며 직업을 바꿔야 하는 경우도 생길 수 있고, 이전과는 다른 삶을 살게 될 수도 있다. 그래서 우리는 어떠한 상황에서도 두려움을 이겨내고 행동해야 하는 것이다.

두려움을 이기는 데 필요한 것이 무엇일까? 바로 자신감이다. 그럼 자신감은 어떻게 하면 생기는 것일까? 사람들과 대화를 해보면 자신감이 있는 사람과 아닌 사람으로 구분할 수 있다. 자신감이 있는 사람들은 상대방의 눈을 쳐다보며 대화를 하고, 목소리는 또렷하며, 자신이 말하고자 하는 바가 분명하다. 반면, 자신감이 없는 사람들은 사람의 눈을 쳐다보지 못하고 시선이 흩어진다. 손가락을 뜯기도 하고 어눌한 말투에 목소리도 작다.

사람들은 누구나 자신감이 있는 사람에게 끌리기 마련이다. 저 사람의 에너지에 내가 같이 끌려가게 되는 것이다. 어떠한 일을 하더라도 자신감이 있는 사람 주변에는 늘 함께하려는 사람들이 많이 있다. 그래서 성공으로 가는 것이다.

그럼 자신감이 생기려면 어떻게 해야 할까? 자신감이 생기려면 먼저 자존감이 높아져야 한다. 자신감과 자존감은 다른 의미를 가지고 있다. 자신감은 '어떠한 것을 할 수 있다거나 경기에서 이길 수 있다 혹은 경기를 잘할 수 있다.' 등에 대한 자신의 느낌이다.

자존감은 '자신에 대한 존엄성이 타인들의 외적인 인정이나 칭찬에 의한 것이 아니라 자신 내부의 성숙된 사고와 가치에 의해 얻어지는 개인의 의식'을 말한다. 즉, 자존감은 타인에 의해서 형성되는 것이 아니라 나의 내면에 의해 형성되는 것이다. 내가 나 스스로를 존중하지 않고 자신을 무시하게 되면 자존감은 낮아지는 것이고, 내가 나 스스로를 아끼고 사랑하게 되면 자존감은 올라가는 것이다.

자존감이 생기면 '나는 해낼수 있다.'라는 나에 대한 믿음이 생기고, 그 믿음이 곧 신념이 되고 그 신념과 자신감이 만나 행동으로 이어질 수 있는 것이다. 내가 원하는 바를 이루기 위해서는 행동을 해야 하는데 그 행동을 가로막는 것은 두려움이고, 두려움을 극복하기 위해서는 자존감을 높여야 하며, 자존감이 높아지면 자신감이 생기고 그 결과 행동으로 이끌어낼 수 있게 된다는 말이다.

그래서 우리는 우리의 내면을 잘 들여다보고 언제나 나를 믿어주고 내가 할 수 있다고 격려해줄 수 있어야 하며, 자신이 얼마나 가치 있는 사람인지를 늘 인식하고 있어야 한다. 그래야 '나는 잘 할 수 있다.'라는 자신감으로 이어질 수 있다.

그 방법은 어렵지 않다. 오늘부터 잠들기 전 오늘 하루도 열심히 살아온 나를 셀프 칭찬하고 '수고 했다!' 하고 셀프 토닥이를 해주어라. 그리고 그런 내가 자랑스럽고 사랑한다고 속삭여주어라. 내 자신을 먼저 사랑하고 아껴준다면 사랑받은 나는 두려움을 없애주고 행동을 할 수 있는 힘을 줄 것이다.

06

나는 된다,
반드시
잘된다

'나는 된다. 반드시 잘된다.' 이 말은 내가 매일 아침 모닝 루틴을 할 때 꼭 외치는 확언이다. 된다고 생각하면 되고, 안 된다고 생각하면 안 된다. 이것은 아주 명백한 사실이다. 혹시 내가 하고 있는 일이 늘 잘 안 풀린다면 매일 하는 말들을 살펴보아라. 하루 중에 긍정적인 말을 많이 하는지, 부정적인 말을 많이 하는지 살펴보아야 한다. 부정적인 말들 중 습관적으로 어떤 말들을 하는지 살펴보아야 한다. 그리고 그것들을 적어보자. 내가 내뱉은지도 모를 정도로 그냥 습관적으로 나오는 말들이 많이 있을 것이다. 그런 말이 나오려고 할 때마다 어떤 긍정적인 단어로 바꿔 말할 수 있는지 생각해보고 긍정적인 단어로 즉시 바꿔서 말할 수 있어야 한다. 예를 들어, "아, 왜 이렇게 짜증나는 일이 많아?"라는 말을 습관적으로 많이 한다면, "아, 나에게 정말 다양한 경험을 할 수 있는 일이 많네."로 바꾸는 것처럼 말이다.

성공한 사람들의 공통점 중 하나는 긍정적인 사고방식을 가지고 있다는 것이다. 어떠한 문제 속에서도 긍정적으로 사고를 전환함으로써 해결책을 찾게 된다. 이것이 긍정적인 사고가 주는 큰 힘이다. 내가 매일 하는 작은 실천 중 하나는 나에게 일어나는 좋은 일에도 감사하고, 나쁜 일에도 감사하다고 말하고 생각을 전환하는 것이다.

아이들이 있는 곳에서 일하다 보면 매일 다양한 일들이 일어나기 마련이다. 처음에는 매일 다양한 일들에 예민해지고 많은 스트레스를 받았었다. 그러자 하루의 시작부터 불안해지는 것을 경험했다. 이렇게 해서는 이 일을 즐기면서 하기 어려울 것 같다는 생각이 들었다. 그래서 생각을 전환하기로 결심했다.

'왜 하루도 조용한 날이 없을까? 매일 너무 힘들다.'라는 생각 대신 '여러 성향의 아이들과 함께 있는 곳이니 매일 다양한 일이 일어나는 것은 당연하잖아? 오늘도 이런 경험을 통해 깨달은 바가 있으니 앞으로 더 많이 올 아이들도 더 잘 케어할 수 있겠는데?' 하고 말이다.

생각 하나 바꾸었을 뿐인데 하루 동안의 기분이 달라졌다. 매일 무슨 일이 일어날까 불안한 게 아니라 어떠한 일이 일어나더리도 괜찮았다. 어쨌든 나는 그 일을 통해 배우게 될 것이고, 나는 그것을 다 해결할 수 있다는 믿음 때문이었다. 이처럼 긍정적인 사고방식으로 전환만 해도 아주 큰 변화가 일어난다.

우리는 하루 중에 좋은 말보다 안 좋은 말들을 더 많이 듣게 된다. 직장에서도, 가정에서도 다들 불만과 투정을 늘어놓는다. 그런 말을 들을 때마다 내가 듣는 자세를 바꿔서 듣겠다고 다짐하면, 그 말들이 불만과 투정으로 들리지 않는다. 그 사람을 위로해줄 수 있는 넓은 마음을 가지게 되고, 화가 나기보다는 저 사람도 나처럼 편안해지기를 바라게 되며 안타까운 마음을 가지게 된다. 한번 시도해보아라. 그러면 내가 하는 말에 공감이 될 것이다.

부부 사이도 그렇고, 자녀에게도 마찬가지이다. 아이들이 긍정적인 사고를 할 수 있는 사람이 되기를 바라지 않는가? 그렇다면 아이에게도 부정적인 감정이 들 때마다 긍정적인 언어로 바꾸어 생각할 수 있도록 연습을 시켜주어야 한다. 아무런 노력 없이 아이가 긍정적인 생각을 가진 아이로 크길 바라서는 안 된다. 아이들은 어른들의 모습을 보고 배우며 커간다.

그렇기 때문에 어른들이 먼저 변화해야 하는 것이다. 어른들 스스로가 긍정적인 사고방식을 가지지 않고는 아이들에게 긍정적인 사고방식을 가져야 한다고 가르칠 자격이 없다.

나는 아이들을 가르치는 일을 하기 때문에 나부터 긍정적인 사고방식을 가지고 있지 않으면 안 되었다. 집에서는 부모님의 모습을 보고 배울 것이고, 그 외의 시간들은 자신이 각자 바라보는 어른들의 모습에서 배울 것이다. 그래서 나는 나부터 긍정적인 사고방식을 가지고 있는 학원 원장이어야 한다고 생각한다.

학원이라는 곳이 아이들의 학습만 가르쳐주는 곳은 아니다. 아이들에게 하는 행동, 해주는 말들 하나하나가 아이들의 성장에 영향을 줄 수 있기 때문이다. 꿈이 없는 아이들에게 꿈을 심어줄 수 있는 일도 학원에서 일어날 수 있는 일이다.

나는 많은 학부모님들에게 말하고 싶다. 대형 어학원이든 아니든 그것을 보기 전에 그곳을 운영하는 원장 선생님과 선생님들을 먼저 보고 아이를 맡기라고 이야기하고 싶다.

요즘 TV를 보면 안타까운 소식들이 많이 들린다. 어린이집에서 보육

교사가 아이들을 폭행하는 일들 말이다. 그러한 일들이 왜 일어나는 것일까? 나는 관련 업종에 일을 하고 있으니 그 이유를 명백히 알 것 같았다.

집에서 자신의 아이도 돌보기 힘든데, 여러 성향의 아이들이 있는 곳에서 아이들을 케어하는 것은 보통의 마음가짐으로 할 수 있는 일은 아니다. 자격증만 있다고, 관련 학과를 전공했다고 해서 그 일을 할 준비가되어 있는 것은 아니라는 뜻이다. 자격증 이전에 아이들의 모든 것을 수용하고, 이해할 마음의 준비가 되어 있는 것이 첫 번째이고, 아이들을 케어하느라 생긴 스트레스로 인한 부정적인 사고방식을 매일 긍정적인 사고방식으로 리셋할 수 있느냐가 두 번째 조건이라고 생각한다.

기본적으로 이 두 가지를 보지 않고 자격 조건만 보고 직원을 채용해서 생긴 문제가 아닐까?

아이들을 가르치는 선생님들도 답답할 것이다. 어떻게 매일 쌓인 부정적인 감정을 긍정적인 감정으로 리셋하는지를 초, 중, 고, 대학을 다니는 동안 배운 적이 없기 때문이다. 가르침을 받지 못했으니 모르는 것은 당연하다. 스스로 찾아보지 않는 이상은 말이다. 그래서 나는 어린이들과 함께 일하는 직종의 분들은 아동 성교육, 아동학대 교육뿐만 아니라 긍정적인 사고방식으로 리셋하고 매일 새로운 마음으로 일을 할 수 있는 방법에 대해서도 교육을 받아야 한다고 생각한다. 나는 앞으로 선생님들을 대상으로 하는 교육들도 진행 예정에 있다. 많은 선생님들이 참여해서 우리 소중한 아이들에게 긍정적으로 좋은 영향력을 줄 수 있기를 바란다.

그리고 또 하나 내가 강조하고 싶은 것이 있다. 당신이 원하는 것을 이루기 위해서는 자기 암시가 매우 중요하다. 매일 아침 나에게 '나는 된다'고 긍정적인 암시를 주고 있다. 그래서 그 말과 생각대로 정말 잘되고 있는 것이다. 어떠한 상황에서도 '나는 된다, 반드시 된다'고 내 자신에게 말해주어라. 그러면 잠재되어 있던 나의 무한한 능력이 나오게 된다. 내가 나에게 무슨 말을 해주느냐에 따라 어떠한 일을 해낼 수도 있고, 실패할 수도 있는 것이다. 평상시에 당신은 당신 스스로에게 어떤 말을 가장 많이 해주는가? 스스로에게 칭찬과 격려를 아끼지 않는가?

오늘부터 나에게 '내가 계획하는 일들은 모두 다 잘된다. 왜냐하면 나는 그것을 해낼 무한한 능력을 가지고 있는 사람이니까, 된다, 된다, 반드시 잘된다!'고 외쳐보자. 외치는 순간 가슴이 따뜻해지는 것을 느낄 것이다. 그것을 매일 반복하다 보면 말하지 않아도 내가 그것을 외쳐야 할 순간이 자연스럽게 입에서 나오게 될 것이다. 내가 나에게 '너는 잘될 수밖에 없어.' 하고 명령을 내렸으니, 생각 시스템에 의해 당연히 잘될 수밖에 없는 게 아닐까?

만약 당신이 계속적으로 '나는 못 해, 나는 안 돼, 능력이 없어, 돈이 없잖아.'라는 말들을 스스로에게 해왔다면 오늘 당장 긍정적인 암시어로 바꾸어야 한다. 예전에는 부정적인 암시를 했더라도 오늘부터 긍정적인 암시를 나에게 해주면 나에게는 부정적인 암시는 사라지고 긍정적인 암시가 자리잡게 된다. 그리고 그것을 매일 반복하면 그런 내가 된다.

내가 원하는 사람으로 살아가기 위해서 반드시 필요한 말이다. 지금 거울을 보고 나에게 외쳐주자.

'나는 된다, 반드시 잘된다.'

07

버킷리스트는
지우라고
있는 것이다

우리나라에 버킷리스트 만들기가 유행처럼 번진 적이 있었다. 자기계발을 한다는 사람들은 모두 버킷리스트를 만들고, SNS에 업데이트하거나 자신만 볼 수 있도록 다이어리에 적어두기도 했다. 자세히 보면 대부분의 사람들의 버킷리스트는 동일하다. 좋은 집에서 살기, 좋은 차 구입하기, 좋은 곳에 여행가기 등등 자신이 이루고 싶은 것들을 써내려간다. 대부분 충분한 돈이 있어야 가능한 것들이다. 그래서 우리의 버킷리스트는 1년 내내 지워지지 않는다. 버킷리스트는 이루어내고 하나씩 지워가야 하는데 왜 우리는 지우지 못하고 점점 잊혀진 채 그냥 놓아두는 것일까? 그 이유를 알기 위해 내가 버킷리스트를 쓸 때 어떻게 쓰는지를 점검해보자.

첫째, 1년 동안 이루고 싶은 버킷리스트인지, 언제까지 해낼 것인지에 대한 기간을 설정해야 한다. 분기별도 좋고 연별로 나누어도 좋다. 구체적인 기간을 함께 써내려가야 한다.

둘째, 버킷리스트를 지우기 위해 지금 당장 할 수 있는 3가지 행동을 옆에 함께 쓴다. 나중이 아닌 그것을 위해 지금 당장 실천할 수 있는 것들을 써보자.

셋째, 나의 버킷리스트 옆에 그에 걸맞는 이미지 사진을 붙여두자. 그냥 글로 써진 것으로 보는 것보다 이미지를 함께 붙여두면 더욱더 눈에 익숙해진다. 예를 들어 아래처럼 버킷리스트 형태를 바꾸어보자.

[나의 버킷 리스트 1] : 50평대의 아파트로 이사 가기 / 2021년 12월까지

● 지금 당장 할 수 있는 3가지
1. 내가 가고 싶은 아파트의 현재 시세를 확인해보고, 여러 곳을 투어해본다. (집의 위치, 실내 디자인, 주변 환경 등)

2. 내가 그곳으로 이사 가기 위해 필요한 자금을 어떻게 마련할 수 있는지 생각해본다. (은행 대출, 모아둔 자금, 부모님의 도움 등)

3. 내가 자금을 마련할 수 있는 방법으로 자금을 마련하는 데 집중한다. (은행에 방문하여 직접 알아보기, 부모님의 도움 등)

이처럼 하나의 버킷리스트를 쓰더라도 이렇게 구체적으로 써보아야 내가 어떤 행동부터 실행할 수 있는지 한눈에 보이게 되고, 꿈으로만 느껴졌던 버킷리스트가 점점 현실 가능성이 있게 느껴질 것이다. 나는 몇 년간 버킷리스트를 이렇게 작성해왔다. 그래서 몇 년간 이루고 싶은 것들을 모두 이루었다. 버킷리스트를 매일 펼쳐보며 소리내어 읽고, 잠자기 전 원하는 것들을 생각하며 잠에 들었다.

하나씩 내가 할 수 있는 것에 집중하여 목표를 향해 가다 보니 뜻밖의 도움을 받기도 하고 말도 안 되는 기적같은 일이 일어나기도 했다. 그것들을 경험하며 내가 이룰 수 있도록 모든 것이 설계된 느낌을 받게 되었다. 그리고는 '곧 이루어지겠구나!'라는 확신으로 바뀌게 되었다. 그래서 나는 1년 동안 써내려간 버킷리스트를 모두 지우는 데 성공했다.

대부분이 사람들이 '내가 저 비싼 아파트를 어떻게 사? 돈이 없는데…. 그래도 한 번쯤은 살아보고 싶다.' 이렇게 끝내버릴 때 나는 어떻게 하면 그곳으로 갈 수 있을지 집중하여 하나씩 방법들을 찾아갔다. 대부분의 사람들은 건물주가 되려면 엄청난 재력이 있어야 한다고들 알고 있다.

하지만 내 주변에는 실제로 자신의 돈을 아주 작게 들이고도 건물을 짓는 경우들을 많이 봐왔다. 그 모든 것들은 정보였다. 내가 알아보려고 마음을 먹으면 충분히 알 수 있는 정보들이다. 그런데 우리는 무작정 자신을 한계 긋고 알아보려고조차 하지 않는다. '어차피 알아보면 뭐해, 난 지금 못 사는데.' 등의 불평 불만을 하면서 말이다. 그리고는 주변에서 잘되는 모습을 보면 부러워하거나 질투를 한다.

나 또한 이전에는 시도조차 하지 않으면서 지인이 잘되면 배 아파하고 질투를 했었다. 그때의 나도 목표를 세우고 행동을 했다면 그 지인과 같이 성공했을 텐데 용기가 없으니 나는 하지 못했던 것이었다. 그리고는 시간이 지나고 후회만 반복하는 삶을 살게 되었던 것이다. 내가 나 자신을 한계 두지 않고 무엇이든 내가 원하는 것은 도전할 용기를 가져야 한다. 그래야 어떠한 결과든 나에게 나타나게 될 것이다.

내가 아는 지인 중에 자기계발이 취미인 지인이 있다. 직장 출퇴근 시간 전후를 활용하여 얼마나 많은 것들을 하고 있는지 모른다. 자신이 무언가를 하고 있다는 것이 좋고 생동감이 느껴진다고 했다. 그 지인 또한 매년 버킷리스트를 작성한다.

지인은 자신의 버킷리스트를 늘 SNS에 업데이트하며 멋진 새해를 다짐했다. 하지만 1년이 지나기 전 그 버킷리스트는 삭제되고 없다. 그 이유는 너무 많은 계획들을 세웠기 때문에 아무리 부지런한 그녀라도 그것을 다 이뤄내기엔 무리가 있었을 것이다. 혹시 이처럼 너무 많은 버킷리스트로 인해 스트레스를 받고 있지는 않은가?

그렇다면 지금 당장 버킷리스트를 수정해야 한다. 위에 안내한 방법으로 기간을 나누어 설정하고 다시 한 번 정리해보아라. 그러면 꼭 이뤄야 한다는 버킷리스트의 압박감 대신 이룰 수 있을 것 같은 자신감이 가득할 것이다. 원하는 것을 이루기 위해서는 자신감과 용기가 있어야 한다.
나는 나의 코칭 과정을 듣고 있는 멤버들과 함께 새해에 버킷리스트를 함께 작성하고 발표하는 시간을 가지곤 한다. 그리고 그들의 버킷리스트가 이루어질 수밖에 없도록 세부 목표를 잡아주는 등 1:1 개인 컨설팅도 진행하고 있다. 혼자 시작하는 것이 두렵고 외롭다면 함께하면 된다. 나의 도움이 필요한 곳에는 어디든 함께할 것이다.

작년부터 우리 가족은 매년 새해가 되기 전 버킷리스트를 작성하고 가족들 앞에서 선포하는 시간을 가지고 있다. 내가 매년 세운 목표를 다 이루는 것을 옆에서 지켜본 가족들은 그 비법이 궁금하다고 했다. 그래서 나는 그 방법을 공개하기로 했다.

첫 해 버킷리스트를 선포한 날을 잊을 수 없다. 엄마, 아빠, 동생 모두 비슷한 내용의 버킷리스트를 작성했는데 다들 너무 단순했다. 예를 들어 "돈 많이 벌기, 좋은 사람 만나기, 건강하기" 등이었다. 모두 다 좋은 목표이다. 하지만 세부적인 내용들이 다 빠져 있었다. 그래서 그날 이후로 '우리 가족뿐 아니라 대부분의 사람들이 이렇게 버킷리스트를 쓰겠구나.'라는 생각을 하게 되었고, 이룰 수 있는 버킷리스트를 쓰는 방법에 대해 생각하고 나만의 버킷리스트 작성법을 만들게 되었다. 그 방법들은 나의 카페와 유튜브를 통해 안내하고 있으니 한번 살펴보면 도움이 될 것이다.

나는 많은 사람들이 큰 소망을 가지고 쓴 버킷리스트를 꼭 이루었으면 좋겠다. 매년 새해를 맞이하며 가족들과 함께 각자의 버킷리스트를 쓰고, 그것을 발표하는 시간을 가져보아라. 그러면 가족들도 나의 목표를 알게 되고, 서로서로 힘이 되어줄 것이다. 가족만큼 나에게 힘이 되는 존재가 어디 있겠는가? 사랑하는 아이들에게 버킷리스트를 작성하는 방법을 알려주면 좋겠다. 이것은 아이들에게도 꼭 필요한 부분이다. 내가 올한 해를 어떻게 보내고 싶은지 생각할 수 있는 아이는 커서도 매년 자신의 목표를 설정하고 달성하기 위해 노력할 수 있는 성인으로 성장할 것이다.

매년 나는 다이어리에 지워진 버킷리스트들을 보며 나에게 말한다.

'올 한 해도 정말 수고 많았어. 많은 것들을 이루어냈어. 넌 정말 멋져.'

내 자신에게 말해준다. 그럴 때마다 내 스스로가 자랑스럽게 느껴지고 나를 더욱더 사랑하게 된다. 많은 분들에게 버킷리스트를 쓰는 이유에 대해 다시 한 번 생각해보라고 이야기해주고 싶다.

다른 사람들도 하고 유행이니까 따라 해보는 것에 그치지 말고, 내가 이것은 꼭 언제까지 이루어서 지울 것이라는 생각으로 해보길 바란다. 버킷리스트는 지우라고 있는 것이다. 내년에는 당신의 버킷리스트가 모두 지워져 있기를 바란다.

08

크게 이루기 위한
내가 할 수 있는
3가지를 쓰라

만약 당신이 성공을 한다면 되도록 크게 성공하고 싶지 않은가?

나는 어릴 때부터 꿈이 아주 컸다. 그것은 성인이 되어서도 변하지 않았다. 오히려 구체적으로 더욱더 큰 꿈을 꾼다. 별 탈 없이 그냥저냥 맞춰 살아가다가 생을 마감하고 싶지는 않다. 내가 우스갯소리로 늘 하는 말이 있다.

"사람으로 태어난 것이 얼마나 큰 축복인데, 나는 이 세상에 있는 것들을 다 경험하고 살아갈 거야. 죽을 때 멋지게 이름을 남길 정도로는 신나게 살아봐야지."

그 이야기를 들으면 모두들 그냥 웃고 만다. 나는 진심으로 한 말이다. 이 세상에 얼마나 좋은 것들이 많은가? 하루하루 다 누려보기에도 시간이 턱없이 부족한 것처럼 느껴진다. 그래서 나는 크게 성공하고 더 많은 것들을 누리며 살아가는 내 모습을 매일 꿈꾼다. 주변에서 비웃음으로 나를 대해도 괜찮다. 나는 내가 그렇게 될 것이라는 확신이 있기 때문이다.

똑같은 여행을 가도 예산에 맞춰 빠듯하게 가기보단 내가 원하는 뷰가 좋은 호텔에서 최고급 대우를 받고 싶지 않은가? 10시간 넘는 비행을 좁은 이코노미석이 아닌 퍼스트클래스에서 누워서 가고 싶지 않은가? 현지의 맛있는 음식을 먹는 것 앞에서도 돈에 맞춰 그것을 먹어보지 못한다는 것은 너무 억울하지 않은가? 돈 걱정 없이 그 나라의 문화와 생활들을 경험해보는 것이 최고의 여행이 아닐까?

나는 이제 최고의 집에 살고, 최고의 차를 타고, 최고의 여행을 다닐 것이다. 그런 나의 모습이 이제 어색하지 않다. 나는 지금 그럴 자격이 충분하다고 생각한다. 끊임없이 내면의 풍요와 경제적 풍요를 누리기 위해 공부하고 하나라도 더 실천하고 있기 때문이다. 이런 나에게 이제는 최고의 것들만 누리게 해줄 것이다.

대부분의 사람들이 직장에서 받은 휴가로 여행을 가서도 최고의 여행을 누리지 못하고, 예산에 맞춰 가성비 여행을 하고 온다. 그것도 사람들 모두 휴가라고 떠나는 그 날짜에 말이다. 공항은 사람들로 가득차고, 기다리느라 진이 빠진다. 관광지에는 많은 관광객들로 유명한 음식을 먹기 위해서 최소 1시간은 기다려야 하는 경우들도 허다하다. 내 돈을 주고 떠난 여행에 휴식은 커녕 돈 쓰고 지치는 여행을 하고 오는 것이다.

내 주변의 부자들은 대부분 남들이 일할 때 여행을 떠난다. 한적하고 조용하게 자신만의 시간을 보내기 위해 여행을 떠나는 것이기 때문에 절대 붐비는 시기에 여행을 하지 않는다. 그 시기에는 어디에서든 최고의 대우를 받기는 어렵기 때문이다.

나에게 여행이란, 나에게 주는 최고의 선물이라고 생각한다. 최고의 선물을 주기 위해 그 전까지는 내 자리에서 최선을 다한다. 그 선물만을 기대하며 말이다. 그러면 매일 아침 힘이 난다. 헬요일이 어디 있겠는가? 퍼스트클래스를 타고 최고급 뷰 호텔에서 스파를 받으며 최고급 요리를 먹는 여행을 상상하면 흥이 절로 나온다. 당신도 나처럼 이런 여행을 꿈꾸지 않는가? 그렇다면 지금 안전하다고 느끼는 그곳에서 벗어나

더 큰 꿈을 꾸어야 한다.

나는 '안정적인 직장이니 그렇게 살 수 있어.' 하고 생각하는 사람이 있는가? 직장인의 월급으로 퍼스트 클래스가 웬말인가? 1박에 100만 원이 넘는 호텔에서 숙박하는 것이 웬말인가?

'그 돈을 모아서 저축하는 게 더 낫겠다.'라는 생각이 더 빨리 들 것이다. 나는 큰 꿈을 꾸려면 진정으로 원하는 내 사업을 해야 한다고 생각한다.

리스크가 있고, 불안정한 것도 사실이다. 하지만 시간이 자유롭고, 내가 원하는 방향으로 이끌어갈 수 있다는 분명한 장점도 있다. 직장인 대부분이 직장을 그만두고 내 사업을 하고 싶다는 생각을 하지 않는가?

그렇다면 생각만 하지 말고 행동해보아라. 과감하게 자신의 새로운 꿈을 세팅하고 도전해보아라. 내 여행의 퀼리티도, 집과 차의 퀼리티도 내가 자신있게 정할 수 있게 된다. 사업이 잘되는 크기만큼, 돈을 많이 버는 만큼 그것들을 다 가질 수 있게 될 것이니 말이다. 사업을 하면 위험하다는 생각만으로 주저해서는 안 된다. 사업을 하며 내 회사를 만들고 키워가는 재미는 경험해보지 못한 사람이라면 절대 알 수 없다. 나는 요즘 너무 신이 난다. 직원 한 명 없던 나의 회사가 이제는 10명 이상의 직원과 함께 일을 하고 내가 그들의 생활을 책임져주고 있다고 생각하니 내 자신이 대견하고 뿌듯하기만 하다.

실패의 경험, 고통들은 말할 수 없을 만큼 썼다. 그래도 그것을 견디니 달콤한 것들을 누릴 수 있는 기회가 왔다. 이제부터 당신도 남은 나의 인생을 어떻게 멋지게 보낼 것인지 다시 한 번 생각해보아라. 그리고 결정하라. 나는 크게 이루겠다고.

이제 내가 크게 생각하고 이룰 수 있었던 방법을 알려주고 싶다. 목표를 설정하고 지금 내가 당장 할 수 있는 3가지를 쓰는 것이다. 처음에는 잘 떠오르지 않을 수 있다. 그리고 그것을 설정하는 기준은 나의 작은 기준에 맞춰져 있기 때문에 객관적으로는 할 수 있을 일도 내가 선을 그어버리는 경우가 생길 수도 있다.

그러니 그냥 무조건 떠오르는 것을 적어라. 그리고 거기에서 내가 지금 현실에서 당장 시작할 수 있는 것들을 표시해보아라. 쓰다 보면 당신도 놀라게 될 것이다. 생각보다 그 목표를 위해 지금 내가 할 수 있는 것들이 많이 있기 때문이다. 그리고 그중 3가지를 찾아서 내가 가장 잘 볼 수 있는 곳에 붙여둬라. 내가 그것을 볼 때마다 해야 한다는 생각이 한

번 더 들 것이다.

그것을 쓰기만 했다고 해서 끝이 아니다. 이제 행동을 해야 한다. 쓰는 것까지는 겨우 했는데 막상 행동을 하려니 잘되지 않을 것이다. 우리는 새로운 것을 시작할 때 두려움을 가지고 있기 때문에 선뜻 행동으로 이어지지 않을 수 있다. 그럴때는 그냥 단순하게 생각하는 편이 쉽다. '에라, 모르겠다. 그냥 해보자!'라는 마음으로 쓰여진 대로 무작정 하는 것이다. 모든 것이 한 번 하기가 어렵지 두 번은 쉬운 것이니까.

시작도 하기 전에 너무 많은 생각을 해서는 안 된다. 해보지도 않고 두려운 생각에 휩싸이면 앞으로 나아갈 수 없다. 이럴 때는 그냥 무식한 방법이 더 잘 통한다. '그냥 해보자.' 나는 이 말을 수천 번 하며 그 행동들을 습관으로 만들기 위해 매일 노력했다.

첫 일주일은 열정에 불타올라 행동으로 잘 연결이 되었지만 그 이후부터는 점점 느슨해지고 있는 내 모습을 발견했다. 그리고는 '며칠 못 한 건 못 한 거고, 그냥 다시 해보자!'라는 단순한 생각으로 다시 하기 시작했다.

그렇게 한 달이 되고 두 달이 지나 세 달쯤 되었을 때 그 행동들은 이제는 안 하면 찜찜해질 만큼 나에게 아주 중요한 습관으로 자리잡혀 있었다. 그 이후부터는 노력하지 않아도 내 생활의 일부로 완전히 자리잡아 버렸다. 내 목표를 이루기 위한 노력들이 나에게 습관으로 잡히자 나의 인생에도 큰 변화들이 많이 일어났다. 목표는 자연스럽게 이루어졌고, 좋은 습관들로 인해 더 좋은 인간관계를 하게 되었고, 가족들 간의 대화하는 시간들도 늘어났다.

평범한 스펙의 나도 해냈다면 당신도 해낼 수 있다. 나처럼 크게 생각하고 행동하면 된다. 그것 하나가 내가 가진 최고의 스펙이다. 나는 이제 그것이 완전한 나의 것이 되었기에 나만이 가지고 있는 최고의 스펙이라 말할 수 있다. 무엇을 하든 크게 생각하라. 크게 생각하면 작은 어려움들도 웃어 넘길 수 있다. 나는 더 큰 시각에서 바라보고 있기 때문에 이쯤은 아무것도 아닌 것이 될 수 있다. 나 또한 그렇지 않으면 큰 사업체를 운영하지 못할 것이다. 당신도 지금보다 더 크게 생각하고, 크게 꿈꾸라. 그러면 어느 순간 당신은 엄청 큰 세계에서 살고 있을 것이다.

3장

내가 원하는
인생을 위한
8가지 **생각**의 **기술**

01

나는 된다,
반드시
된다고 생각하라

나는 내가 결정한 일은 반드시 잘된다고 생각하고 새로운 도전을 시작한다. 도전을 시작할 때 늘 자신에게 해주는 말이 있다. "잘될거야."라고 말하지 않고 "잘된다."라고 말한다. 그렇게 스스로에게 말해주고 시작하면 나도 모를 용기가 생겨난다. 내가 할 수 있다고 생각하니 다른 사람들의 걱정하는 말들은 귀에 들어오지 않는다. 그래서 자신에게 어떤 말을 해주느냐가 성공과 실패를 결정할 수 있다. 물론 새로운 도전을 할 때 '반드시 된다.'라는 생각과 자신감만으로 한 번에 성공할 수 있는 것은 아니다. 나의 생각 이상으로 잘 풀릴 때도 있다가도 너무 고통스럽다 싶을 정도로 힘든 일들이 생길 때도 있다.

내가 원하는 것을 이루기 위해서는 시작부터 끝까지 동일한 마음으로 이어가야 한다. 누구나 시작할 때는 두려움도 있고, 열정이 있는 상태이므로 긍정적인 마음으로 시작할 수 있지만, 일을 진행하는 과정에서 시행착오를 겪다 보면 "역시 난 안 돼!"라며 포기하는 경우가 대부분이다. 우리 엄마는 내가 사업을 하는 과정에서 내 마음대로 되지 않아 힘들어할 땐 늘 나에게 이런 말을 해주셨다.

"가람아, 원래 가장 큰 것을 얻기 전에는 가장 큰 고통이 있어. 그것을 이겨내야 네가 원하는 것들 중 가장 큰 것을 얻게 돼. 여기까지 참고 잘 왔는데 지금 포기하면 아무것도 얻을 수 없어. 이번만 잘 넘기면 돼."

고비를 겪을 때마다 나를 위로해주셨다. '이번만 잘 버티면 내가 원하는 것을 다 가질 수 있다.'라고 생각하니 또 한 번 힘이 나는 것 같았다. 모든 걸 이루고 난 후 지금 힘들었던 순간을 떠올리며 '그땐 그랬지.'라며 웃고 있는 내 모습이 떠올랐다. 그 모습을 느끼고 나니 지금 겪는 고통의 크기가 처음보다 많이 줄어든 것처럼 느껴졌다. 참 신기한 경험이었다.

생각 하나 바꾸었을 뿐인데 마음이 바뀌고 마음이 바뀌니 행동도 바뀌었다. "그래, 한 번 더 해보자." 하고 다시 일어나 내가 해야 할 일들에 집중하게 되었다.

생각 하나 바꾸면 모든 것이 다 이루어진다는데 그게 왜 그렇게 잘 안 되는 것인지 모두 공감할 것이다. 생각을 변화시키는 방법을 모르기 때문이다. 어디에서도 알려준 적이 없다. 수능을 잘 보기 위해 10년 이상을 공부해왔지만 생각을 변화시키는 방법에 대해서는 공부를 한 적이 없기 때문에 당연히 알 수 있는 방법이 없다. 생각을 변화시키려면 생각 변화 방법에 대해 공부해야 한다. 요즘 유튜브나 블로그 등에서 생각과 의식 변화 등에 관련된 정보들이 많이 있다. 좋은 책들도 많이 소개되고 있다.

'아, 저런 것도 있구나.'로 끝나면 안 된다. '나도 저 책을 한번 읽어봐 야겠다.'라는 마음으로 실행해야 한다. 늘 우리가 실행해보지 않아 제자 리걸음을 하지 않았는가? 특별한 사람만 생각 공부를 하는 것이 아니다. 우리 모두가 생각을 변화시키는 방법에 대해 공부해야 한다. 이론적인 말들로 어렵게 설명하는 것 말고, 자신이 경험했고, 실제 실천하고 있는 이야기들을 들어야 한다. 그런 사람을 찾아가 배워야 한다. 그들에게는 경험해보지 않고는 절대 말할 수 없는 방법들이 있기 때문이다.

나는 요즘 생각 공부 과정에 다양한 연령층과 직업군의 수강생들과 함 께하고 있다. 10대부터 70대까지 모두가 생각을 변화시키는 방법을 공 부하기 위해 우리 드림석세스스쿨을 찾아왔다. 스스로 공부하기 위해 우 리를 찾아온 것부터가 자신의 미래를 설계하고 꿈을 향해 달려갈 준비가 되어 있는 분들이다. 우리 과정을 들으며 그들이 공통적으로 하는 말들이 있다.

"생각을 변화시키는 것을 공부해야겠다는 생각을 한 번도 해본 적이 없어요. 그런데 성공한 사람들은 생각이 다 남다르더라구요. 그래서 나도 한 번 생각을 바꿔봐야지, 했는데 잘 안 됐어요. 생각을 공부할 수 있다니 빨리 배워서 저도 성공하고 싶습니다."

나는 이 말을 들으면 내가 가진 모든 경험과 노하우를 모두 다 알려주고 싶다. 그들의 간절한 마음을 나도 잘 알기 때문이다. 내가 인생을 헤매고 있을 때 생각 변화 방법을 알려준 사람은 아무도 없었다.

15년 전만 해도 생각 변화 공부를 한다는 것은 마치 정신에 문제가 있는 사람들로 취급되었다. 명상을 한다고 하면 도를 닦는 사람들로 여겨지는 그런 사회적 분위기였다. 혼자 헤쳐나가기가 너무 힘이 들었었다. 그래서 나는 그들의 마음에 너무나도 공감한다. 내가 도움이 될 수 있는 최대한으로 도와주고 싶다. 나처럼 시간 낭비를 하지 않고 하루라도 더 빨리 성공할 수 있도록 만들어주고 싶다.

우리 과정에 오면 내가 생각 변화를 위해 매일 해야 하는 루틴을 알려준다. 그것 중 하나는 매일 아침 눈을 감고 마음을 편안하게 한 상태에서 "된다. 된다. 나는 반드시 잘된다."라고 100번을 외치는 것이다. 100번을 외치는 데 걸리는 시간은 10분도 걸리지 않는다. 막상 시도해보면 매일 아침 하는 것이 전혀 어렵지 않다. 이렇게 나에게 외쳐주고 나면 나의 잠재의식과 내 머릿속에는 그 말이 새겨지게 된다. 그래서 하루 중 부정적인 사고가 들어오거나, 힘든 일이 생겼을 때 내가 그것을 해결할 수 있는 해답을 생각나게 해주는 방향으로 사고를 전환해준다. 이것은 사업을 하며 내가 매일 새로운 결정을 하거나 고민에 빠지려 할 때 지금 내 생각이 전환되고 있음이 알아차려질 만큼 정말 효과가 있다.

우리는 보통 힘든 일이 생기거나 고민에 휩싸일 때, 조금 전까지 기분이 좋았다 해도 금방 나쁜 감정과 생각에 휩싸이게 된다. 그리고는 그곳에서 빠져나오지 못하고 몇 날 며칠을 혹은 몇 달을 그 속에 빠져 있기도 한다. 우리의 인생에서는 매일 좋은 일만 가득할 수 없기에 더욱 더 이 훈련을 해야 한다. 매일 이 행동을 반복하며, 나에게 확신을 가질 수 있는 자기 암시를 해주는 것이다. 지금 상황이 아주 힘들다면 더더욱 확신을 가질 수 있는 자기 암시를 해야 한다. 상황은 내가 마음먹은 대로 변화시킬 수 있다. 정말 마음먹기 나름이다.

이 행동으로 내 주변 사람들이 꿈을 찾기 시작하고, 꿈을 이루어가는 과정들을 즐겁게 지켜보고 있다. 많은 사람들이 '이걸로 생각이 전환될까? 이 말이 뭐길래?'라며 의심을 품는다. 왜 해보지도 않고 의심을 가지는지 모르겠다.

매일 나에게 긍정적인 자기 암시를 해주면 그것이 한 달이 되고 1년이 되어 시간이 지난 만큼 더욱 더 내 머리와 잠재의식 속에 각인된다. 시간이 지날수록 매일 반복할수록 더욱더 깊게 각인이 되므로 내가 어떠한 문제를 특별히 해결하려 머리를 싸매고 노력하지 않아도 아주 쉽게 해결책들이 떠오른다. 내가 된다고 했으니, 되는 방법으로만 나를 안내해주는 것이다. 마치 컴퓨터 시스템처럼 말이다. 나의 머리와 마음속에 시스템으로 자리잡게 되는 것이다. 한번 만들어진 시스템은 절대 무너지는 법이 없다. 그렇기 때문에 우리는 우리가 성공할 수 있는 시스템을 만들어야 한다. 그것들을 만드는 방법들은 여러 가지가 있다. 나는 이 시스템을 나에게 정착시키고 정말 많은 것들을 이루어냈고, 지금도 매일 내가 원하는 것들을 이루어내고 있다. 어떠한 문제도 몇 시간을 넘기지 않는다.

나를 믿고 오늘부터라도 나처럼 실천해보아라. 어렵지 않다. 정말 단순하다. 지금 당장 눈을 감고 호흡을 편안히 하면 된다. 그리고 외치면 된다. "된다, 된다, 나는 반드시 잘된다." 정말 간단하고 쉽지 않은가? 당신이 잘된다고 생각하기 때문에 반드시 당신은 반드시 잘된다.

02

우주는
내 편이라고
생각하라

우주라 하면 우리와는 별개로 과학적으로 접근하거나 관심이 없이 살아가는 경우가 대부분이다. 하지만 매일 24시간 우리는 우주와 연결이 되어 있을 만큼 누구보다 가까운 사이이다. 이 사실을 알고 있는 사람들만 성공자로 살아가고 있다. '이 무슨 미신같은 소리이냐?' 하며 어이없어 해도 좋다. 그래서 당신이 지금 현실에 불만족하고 살아가고 있는 것이다. 나 또한 인생이 내가 원하는 대로 흘러가지 않을 때, 우주에 대해서는 생각해본 적이 없다.

대부분의 사람들이 나처럼 인생이 마음에 들지 않을 때 외부 환경을 변화하려고 한다. 예를 들어 내가 지금 부자가 되겠다고 마음 먹는다면 저축을 하겠다고 선언하고 아껴쓰며 저축하는 것부터 시작하게 된다. 미래를 위해 현재 나의 행복들을 포기하고 살아가는 것이다. 하지만 이보다 더 쉽고 행복하게 부자가 될 수 있다고 누군가가 알려준다면 한번 따라 해보고 싶지 않은가?

나는 내가 죽고 싶을 만큼 힘들었던 20대 시절 수백 권의 자기계발서를 읽었다. 그 안에는 우주와 관련된 이야기, 잠재의식에 관련된 이야기, 내면세계에 대한 이야기들이 많이 있었다. 나는 성공자들의 책들만 읽었고, 그들은 모두 이러한 이야기들을 했다. 그래서 나도 점점 그것들에 대해 관심이 생기기 시작하고, 하나씩 공부해보기 시작한 것이다.

공부를 하며 내가 왜 힘들 수밖에 없는 인생을 살아가고 있었는지 생각보다 쉽게 깨달을 수 있었다. 그때의 나는 성공에 대해 너무 간절했기에 그 책들에 대한 의심을 전혀 가지지 않았다. 그들이 그렇게 해서 해냈다면, 나도 꼭 해내야겠다고 다짐했다.

여러분들도 지금 본인의 인생이 마음대로 흘러가지 않는가? 그렇다면 내가 그랬듯이 먼저 경험한 사람들의 이야기를 듣고 의심없이 믿고 한번 따라 해보길 바란다. 내가 경험해보았기에 자신있게 추천할 수 있다. 지금 내가 원하지 않는 인생을 살고 있다면 더욱이 빨리 실행해보라고 하고 싶다. 정말 하루아침에도 원하는 인생으로 바뀔 수 있다. 내가 어떻게 마음먹느냐에 따라 나의 하루는 달라질 수 있기 때문이다.

우리의 잠재의식과 우주는 연결되어 있다고 한다. 그럼 우주와 나의 잠재의식이 연결되어 내 삶에 어떤 영향을 미치는 것일까? 나의 잠재의식이 생각하는 대로 그 생각이 우주에 그대로 전해진다. 그럼 우주는 나의 생각들을 실현하기 위해 분주하게 움직이기 시작한다.

내가 생각한 대로 상황을 만들어내고 내가 원하든 원하지 않든 내 생각을 꼭 실현시킨다. 우리는 어떠한 문제가 생기면 그 문제에 빠져 있다. 문제가 해결될 때까지 계속 걱정을 하며 시간을 보낸다. 그럼 그 걱정하는 생각과 마음이 잠재의식에 전달되고, 곧 내가 걱정하는 장면들이 현실에 나오기 시작한다.

나는 힘들게 보낸 20대 시절에 이러한 경험들을 너무 많이 하고 있었다. 그 당시에는 몰랐다. 나는 걱정을 하는데 왜 걱정하는 일들이 일어나서 점점 더 걱정거리가 늘어가는 것인지 그 비밀을 알지 못해서 현실 속에서 헤매었던 것이었다. 그때 우주와 나에 대해 알고 이 방법을 적용했더라면 난 벌써 엄청난 부자가 되어 있을 것이다. 걱정 대신 내가 원하는 모습을 계속 생각하고 실행했다면 곧 현실로 나타났을 테니 말이다. 그래서 우주의 비밀을 알기 전의 시간들이 너무 아깝다. 많은 사람들이 나같이 현실에서 외부 환경을 바꾸려 애쓰고, 고민에 휩싸여 걱정만 늘어놓고 살아갈 테니 말이다.

만약 경제적인 문제를 안고 있다면, 로또에 당첨되거나 갑자기 하늘에서 돈 벼락이 떨어져야 해결이 될 것이다. 하지만 그게 현실에서 쉽게 가능한 일인가? 꿈만 같은 이야기이다. 그것을 기대하는 것보다는 내가 알려주는 우주의 비밀을 잘 활용하면 훨씬 쉽게 경제적인 문제도 해결할 수 있다.

인간이 가진 가장 위대한 능력 중 하나가 상상력이다. 우리는 우리가 원하는 것을 직접 해보지 않고도 얼마든지 상상에서 경험할 수 있는 능력이 있다. 하지만 이 상상력을 사용하며 살아가는 사람들은 1%도 되지 않는다고 한다. 나머지 99%의 사람들은 상상력을 써보지도 못한 채 생을 마감한다고 한다. 얼마나 안타까운 일이 아닌지 모르겠다. 나 또한 상상력에 대해 생각해본 적이 단 한 번도 없었다.

아마 나도 이 비밀을 알지 못하고 살아갔더라면 99%에 들었을 것이다. 지금이라도 1% 안에 들 수 있음에 감사하며, 내가 알고 있는 비밀을 많은 사람들에게 알려주고 싶다. 모두들 99%의 사람이 되지 않길 간절하게 바라는 마음이다.

상상력을 이용해야 우주에게 내 바람과 기도가 전달될 수 있다. 우리가 상상력을 가지지 못했다면 우주와 우리가 연결될 수 없었을 것이다. 우리가 우주와의 연결 없이 어떻게 살아가고 있을지 상상조차 할 수 없다.

우리가 가진 상상력을 통해 원하는 것을 경험하고, 내가 원하는 바를 이루었을 때의 느낌을 나의 잠재의식에 전달하면 잠재의식은 그것을 우주에게 보낸다. 이 사람이 이것을 원한다고 전달해주는 것이다. 우주는 내 편이다. 내가 원하는 바를 모두 이루어줄 수 있는 무한한 존재이다. 그래서 결국 나의 기도에 응답해준다. 현실에 내가 상상한 바를 그대로 실현시켜주는 것이다. 너무 신기하지 않은가? 이런 일이 실제로 가능할지 의문이 드는 것이 당연할 것이다. 당신은 한 번도 이런 경험을 해보지 않았기 때문이다. 하지만 나는 여러 번 이런 경험들을 해보았고, 현재도 매일매일이 새로운 경험들의 연속이다.

내가 가진 기적과 같은 경험 중 하나는 바로 필요로 했던 돈이 생각지도 못한 사람과의 대화 속에서 해결되었던 경험이다. 사업을 확장하는 과정에서 큰 돈을 필요로 했다. 어떻게 마련할 것인가 걱정하는 대신 나는 내가 필요로 한 돈이 나에게 들어와서 내가 모든 것을 해결한 후의 행동과 기분에 대해 아주 생생하게 상상하려고 노력했다. 기쁨과 홀가분한 마음으로 나는 그곳에서 행복해하며 큰 소리로 웃고 있었다. 그리고 이 기적이 일어난 것에 매우 신기해하며 "감사합니다!"를 외치고 있었다.

　매일 밤 잠에 들기전 똑같은 상상을 약 일주일간 지속했다. 처음 상상을 할 때보다 매일 반복할수록 생생함이 더해졌고, 큰돈을 안고 있는 내 모습과 돈의 냄새를 맡으며 행복해하는 나의 모습 등으로 점점 더해져갔다. 실제로 돈 냄새를 맡지 않았지만 새 돈 냄새가 내 코에 맴돌았다. 그것은 정말 신기한 경험이었다. 그 이후 나는 어디서인지 모르지만 내가 고민하는 것이 곧 해결된다는 확신을 가지게 되었다. 상상이 생생해질수록 느낌이 더해졌다. 그리고 일주일 뒤 우연히 만난 지인과 이야기를 나누었다. 사업 확장에 대해 이야기를 하다 지금 자금 부족에 대해 이야기를 꺼냈다. 지인에게 그것을 부탁하려 만난 것은 아니었다. 서로 일에 대해 이야기를 하러 만난 자리였다. 서로 일에 대해 이야기를 하는 중에 지인은 내 이야기를 듣고 본인이 그다음 해에 쓰려고 가지고 있는 자금이 있는데 필요하다면 먼저 쓰고 그다음 해에 돌려줄 수 있느냐고 물어봤다. 정말 생각하지도 못한 일이었다. 그래서 나는 사업 확장의 중요한 기로에서 지인의 도움으로 다시 한 번 성장할 수 있었다.

너무 신기하지 않은가? 나에게는 몇 년간 이러한 경험들이 수없이 많았다. 그래서 나는 이제 우주를 의심하지 않는다. 상상력의 힘을 무한으로 신뢰한다. 누구도 경험하기 전에는 확신을 가지지 못할 것이다. 경험을 하고 나면 나에게 우주는 정말 든든한 내 편이라는 것을 알게 된다. 우주는 나를 위해 존재하고 내가 원하는 것은 다 이룰 수 있도록 도와주는 존재이다.

그러니 그것에 대해 인정하고 우주와 내가 더 잘 소통될 수 있는 방법을 공부해야 한다. 우주와 소통할 수 있는 방법만 공부한다면 당신은 원하는 것을 다 가질 수 있다. 램프 속의 지니를 생각해보자. 지니는 내가 원하는 소원을 손 하나로 다 만들어낸다. 그것과 마찬가지로 우주에게 내 소원을 구체적으로 말하면 지니처럼 나를 도와줄 것이다. 우주는 가장 확실한 내 편이기 때문이다.

03

나도 부자가
될 자격이 있다고
확신하라

금수저, 은수저, 흙수저라는 말들이 생겨난 이후부터 사람들은 자신이 타고난 환경 탓을 많이 하게 되는 것 같다. 자수성가는 옛말이라는 말도 생겨나고, 점점 타고난 환경이 인생을 결정한다는 사회적 분위기가 형성되고 있다. 하지만 난 그렇게 생각하지 않는다.

오히려 요즘이 자수성가를 할 수 있는 가장 좋은 기회라고 생각한다. 핸드폰, 컴퓨터만 있으면 세계를 다니면서도 일을 할 수 있는 시대이다. 자신의 능력만 키운다면 이전보다 훨씬 더 빠르게 성공할 수 있는 시대이다. 정말 손 하나 까딱하면 못 할 게 없는 세상이다.

요즘 SNS를 보면 20대들도 소위 슈퍼카라고 불리는 차들을 소유하며, 최고급 여행을 다니고, 펜트하우스에 살고 있는 모습들을 많이 볼 수 있다. 대부분의 사람들이 부모를 잘 만났거나 금수저라고 생각하며 그들을 행운아라고 생각한다. 나는 그런 부모님에게서 태어나지 못했으니 그런 건 꿈도 꿀 수 없다고 생각하며 그들을 팔로우하여 그들이 누리는 것들에 대리만족을 하며 살아간다.

나도 그렇게 생각하며 시간들을 보냈다. '우리 부모님이 조금만 더 부자였더라면 내가 지금 이렇게 있지 않을 텐데.'라며 내 자신의 무능함을 부모님의 탓으로 돌렸다. 부모님은 나를 낳아주시고 잘 키워주신 것만으로도 너무 감사한 존재인데 그런 철없는 생각들을 했던 것이다.

나는 생각을 변화하는 공부를 하며 수저들과 상관없이 나도 부자가 될 것이라고 선언하고, 부자가 되기 위해 부자들이 하고 있는 것들을 하나씩 배워가고 실행해가기 시작했다.

생각을 변화하고 나니 나도 충분히 부자가 될 자격이 있는 사람이었다. 내 생각의 그릇이 작았을 뿐이지 그릇은 얼마든지 키울 수 있었다. 생각 공부, 마음공부를 하며 의식을 확장하니 점점 나의 그릇도 커지기 시작했다. 그릇이 커지며 당연히 담을 수 있는 공간도 늘어난다. 그래서 그 속에 점점 내가 원하는 풍요로운 것들을 담아나가기 시작했다.

내가 부자가 되겠다고 주위에 선언했을 때 모두 "부자가 되고 나서 말해."라고 비아냥거리거나, "어, 꼭 그러세요."라며 사람들 앞에서 웃음거리로 만들곤 했다. 하지만 이제 그때의 그런 말을 했던 지인들은 내게 비법을 듣기 위해 점심값을 지불하며 나를 찾아온다. 예전의 비아냥 거림은 없고 "나는 네가 해낼 줄 알았어."라는 말을 한다.

가만히 들여다보면 나의 지인도 내가 부자가 되겠다고 했을 때 본인도 부자가 되고 싶은 마음이 있었다. 하지만 내가 그것을 이야기하자 그것을 부정해버렸다. 나처럼 부자가 되고 싶지만 그것에 대한 확신이 없기 때문이었을 것이다. 그래서 확신을 가지고 말을 하는 내가 정말 해낼까 두려웠을 것이다. 나는 그 지인의 눈빛과 말투를 보고 마음을 알아차릴 수 있었다.

내가 부자가 되겠다고 선언한 이후부터는 SNS에서의 부유한 생활을 즐기는 또래의 사람들을 보며 '나도 곧 저걸 하면 되겠네.', '저 사람도 하는데 나라고 왜 못 해? 나도 저걸 누릴 거야.'라는 생각이 든다. 마냥 '저 사람 너무 좋겠다. 나랑은 너무 다른 인생이네.'라며 부러워한 것이 아니다. 내가 부자가 되겠다고 다짐 하나 했을 뿐인데 사진을 보는 관점이 달라지게 되는 것이다. 그들이 입은 옷과 멋진 집, 차는 곧 나도 타게 될 테니 관심을 가지고 찾아보기도 한다. 그들이 나보다 먼저 갔을 뿐, 나도 곧 갈 것이라 생각하면 시기나 질투하는 마음이 올라오지 않는다. 오히려 저들처럼 풍요롭게 사는 내 모습이 떠오르며 설레는 마음이 먼저 든다.

그리고 그런 나의 모습을 생생하게 상상한다. 그러니 상상의 힘으로 그 모습도 곧 나타나지 않겠는가? 너무도 간단한 진리이다. 내가 자주 읽는 성공한 사람들을 보면 대부분 자수성가로 자신의 인생을 변화시킨 사람들이다. 그들은 나보다 훨씬 좋지 않은 환경에서도 자신의 꿈을 향해 달려왔고 결국 세계적인 부자가 되어 살아가고 있다. 그들은 밥 한 끼 먹을 돈도 없는 그 상황에서도 자신은 부자가 될 것이라는 확신을 가지고 버텼다고 한다.

당신은 만약 점심을 사 먹을 돈이 없어 밥을 굶어야 한다면 그 순간에도 꿈을 잃지 않고, 나는 부자가 될 자격이 있고 부자가 된다고 확신하며 버틸 자신이 있는가? 아마 대부분의 사람들은 그 상황에 힘들어 주저앉아버리고 말 것이다. 자신이 지금 밥도 사 먹을 돈이 없는데 무슨 부자를 꿈꾸냐며 가지고 있던 꿈도 절망 속에 버려버릴 것이다.

나는 교육 사업을 시작하며 버티는 과정에서 정말 선생님들 급여를 주고 나니 밥을 사 먹을 돈이 없었던 적이 있었다. 밤새도록 프로그램을 만들고 출근해서는 쉬지 않고 일하는데 내가 밥 한 끼 사먹을 돈이 없다는 것에 눈물을 흘린 적도 많았다. 그런데 포기하지 않고 달려온 이유는 단 하나다. 나는 내가 부자가 될 것이라고 확신했다. 현재 상황이 어떻든 결국 나는 부자가 될 거고, 거기로 가는 과정에 와 있다는 생각뿐이었다. 성공한 사람들은 시련을 다 겪어냈으니 나 또한 그것을 잘 견뎌내야 된다고 생각하며 스스로를 다독였다.

지금 생각해보면 정말 힘들었던 순간이었는데 정말 잘 견뎌냈다고 내 자신에게 칭찬해주고 싶다. 그때 내가 성공할거라는 확신이 없었다면 불가능했을 것이다. 확신의 힘은 아주 큰 것이다. 죽을 것처럼 힘든 상황에서도 내가 가진 확신의 힘을 꺾지 못했다. 그리고 나는 확신의 힘을 따라 점차 빛을 따라 나아가게 되었다.

지금은 그때에 감사한다. 나의 과거가 있음에 현재가 있는 것이고, 그 과거의 순간에 단단하게 다졌던 마음은 이제 강인하게 자리잡았다. 더 큰 사업을 운영할 수 있을 만큼의 크고 단단한 마음을 가지게 되었다. 어떠한 경우에서도 흔들리거나 무너지지 않을 수 있을 정도로 단단해졌다. 그때의 고난과 시련이 나를 단단하게 만들어주었다. 그러니 지금 힘든 현실 속에 있다고 포기하지 마라. '나는 반드시 성공한다.'라고 생각하는 확신을 가지고 앞으로 나아가라. 힘들다고 물러서거나 멈추면 안 된다. 두렵기 때문에 생각처럼 잘되지 않는다는 것을 나도 알고 있다. 그렇지만 두려움에 굴복하면 안 된다. 두려움을 딛고 내가 원하는 쪽으로 올라가야 한다.

당신은 이 세상의 유일한 존재이다. 이 세상에 태어날 때 좋은 것을 누리고 부자로 살아가기 위해 태어났다. 힘들게 살아가려고 이 세상에 온 것이 아니다. 모두 똑같이 부자로 살아가기 위해 태어났지만 그렇게 살고 있는 것과 그렇지 못한 것은 모두 나의 책임이다. 내가 나를 어떻게 정의하느냐에 따라 삶은 달라지는 것이다. 눈을 감고 나는 부자가 될 수 있다고 생각하며 살아왔는지 아니면 부자는 남의 이야기라고 생각하며 살아왔는지 나 스스로를 되돌아보라. 만약 부자는 남의 이야기라고 생각하며 살아왔다면, 지금 당장 가슴에 손을 얹고 외쳐라.

"나는 이제 부자가 되기를 선택했다!"
"나는 이제 부자다!"
"나는 부자가 될 사람이다!"

내 자신에게 반복적으로 말해주어라. 그리고 부자가 된 나의 모습과 그 기분을 내가 상상하고 싶은 만큼 마음껏 상상해보아라. 처음에는 당연히 어색할 것이다. 난 지금 부자가 아닌데 어떻게 부자가 된다는 것인지 의문이 들고 부정적인 생각도 올라올 것이다. 하지만 자연스러운 현상이다. 그럴 때일수록 반복하는 횟수를 늘려서 외쳐라. 내 자신이 그것을 자연스럽게 받아들일 때까지 계속 나에게 말해주어라. 어느 순간 내가 부자가 될 수 있는 사람이라는 확신이 들 것이다. 그리고 나서 당신이 부자가 되기 위해 해야 할 공부들을 나처럼 하나씩 해나가면 된다.

돈이 많은 부자가 되면 세상을 다 가진 것처럼 행복하겠지만 가진 돈만큼 생각과 마음이 성장하지 못하면 돈만 가진 불행한 사람이 된다. 그러므로 나는 반드시 부자가 될 자격이 있다고 확신하고, 부자가 되었을 때 풍요롭게 살아갈 나를 위해 지금부터 공부해나가야 한다. 어떤 공부를 어떻게 시작해야 하는지 막막하다면 우리 연구소에서 진행하는 과정을 함께 진행하는 것을 추천한다. 모두 같은 마음으로 모여 공부하는 곳이므로, 동기 부여를 받고 동기들의 응원을 받으며 함께 해나갈 수 있다. 나는 당신에게 자신 있게 말할 수 있다.

"당신은 부자가 될 자격이 있습니다."

04

모든 **문제의 답**은
내 안에 있다고
생각하라

   나는 누구보다 불평 불만이 많은 사람이었다. 다른 사람은 겪지 않는 일들을 나만 왜이렇게 겪게 되는지 세상을 원망하고 또 원망했다. 무엇이 문제인지 늘 고민했다. 내가 너무 욕심이 많아서인지 아니면 내가 가진 능력이 부족한 것인지 고민해도 해답은 없었고 늘 남 탓, 세상 탓을 하며 내 자신을 합리화했다. 내가 성공하지 못하는 이유를 대보라면 수없이 많았다. 금수저로 태어나지 않은 것, 지금 환경이 받쳐주지 않는 것, 운이 따라주지 않은 것부터 이유를 찾아내야지만 내 마음이 조금 편해졌다. 지금 내가 아무 노력도 하지 않음을 알고 있으면서도 바라기만 한 것이다. 그 바람은 전부 허상에 가까운 것들이었다.

어릴 때부터 꿈이 크기도 했고, 남들보다 새로운 도전을 하는 것을 좋아해서 이것저것 하고 싶은 것들도 참 많았다. 그래서 세상을 뒤흔드는 유명한 사람이 되고 싶었나 보다.

나에게 중간은 없었다. 늘 끝과 끝만 있었다. 그래서 내가 원하는 연기자의 길이 쉽지 않자 모든 것을 포기하려 했다. 지금의 의식 상태라면 긍정의 힘을 빌리고 나의 잠재의식의 힘을 사용하여 어쩌면 유명한 연기자가 될 수도 있을 것이다.

하지만 그 당시에는 나의 내면이 문제가 아닌 외면이 문제라서 내가 꿈을 이루지 못했다고 생각했다. 연기자가 되려면 우선 외모가 완벽하게 예쁘고 당연히 날씬하고 스타성이 있어야 한다. 내가 오디션에서 떨어질 때마다 나는 그 문제를 늘 나의 외면에서 찾았다.

웃는 게 안 예뻐서 그렇고, 키가 작아서 그렇고, 살을 더 빼야 하고 등등 아무도 나에게 그런 말을 한 적이 없음에도 불구하고 내 자신을 혹독하게 몰고 갔다. 그래서 연기 실력을 늘리는 것에 집중하기보다는 외면을 가꾸는 데에 집중했다. 조금 더 카메라에 잘 받도록 외모를 고쳐나가고 혹독하게 다이어트도 계속해나갔다. 하지만 나의 기대와는 달리 오디션에서 계속 떨어지고 말았다.

나는 실패 원인은 나의 연기 실력이나 스타성에 있다고 생각하지 않고 계속 외면의 문제라고만 생각했다. 그 당시 나는 혹독한 다이어트로 40kg 정도였는데 내가 본 카메라 속의 모습이 너무도 통통해 보였다. 다음 오디션 때는 살을 더 빼서 가야겠다고 생각했다.

카메라 속 내 모습이 예쁘지 않아서 탈락했다고 내 스스로 믿고 싶었다. 그 뒤로 나는 매일 토마토 1개, 혹은 키위 2개로 하루를 버텨나갔다. 당연히 먹지 않으니 살은 빠졌다. 하지만 머리카락도 같이 빠지고 내 몸에는 이상 징후가 계속 나타났다. 그런데도 나는 멈추지 않았다. 이렇게 하면 오디션에 붙을 것 같았기 때문이다. 하지만 먹지 않으니 늘 어지럽고 힘이 없었고 의욕이 없어졌다. 대본을 외워야 하는데 머리가 아파서 외워지지 않았고, 힘이 없으니 대사를 소리내어 하는 것조차 버거워졌다. 에너지가 없는 상태였던 것이다. 오디션장은 생기가 넘치다 못 해 누구보다도 에너지가 넘치는 사람들이 모이는 곳이다.

그런 곳에서 힘 없이 축 처진 내가 뽑힐 리가 있겠는가? 오디션을 볼 준비도 안 되었다고 생각할 것이다. 아니나 다를까 나는 또 오디션에서 떨어지고 말았다.

나는 오랜 시간 다이어트로 몸과 마음이 많이 지쳐 있었고, 마지막 오디션의 결과를 듣고 그냥 모든 것을 내려놓고 싶었다. 더 이상 다이어트를 해나갈 자신이 없었고, 그제서야 내 몸의 이상 징후가 눈에 들어오기 시작했다. 이렇게 지속되다가는 정말 죽을 것 같았다. 이제와서 생각해보면 내 외모 때문에 오디션에서 수없이 탈락한 것이 아닐 것이다.

늘 나는 오디션을 볼 때 자신감이 없었다. 그나마 자신감을 가지고 간 오디션장 대기실에서부터 자신감이 바닥을 친다. 나보다 훨씬 더 키가 크고 얼굴이 인형같은 연습생들만 모여 있는 것 같았고 그 순간 나는 이미 안 된다고 생각하고 오디션을 봤다. 나는 내가 안 된다고 생각했고 그게 결과로 나타난 것뿐이었다.

요즘 TV를 보면 모든 여배우들이 다 인형같이 생기고 날씬한 것만은 아니다. 그때의 나는 왜 그렇게 외모의 강박에 시달렸는지 지금은 전혀 이해가 되지 않는다. 아무래도 연예인을 하겠다고 모인 사람들 속에 있다 보니 더 그쪽으로 집착을 했었던 것 같다. 나의 지인들 모두 같은 꿈을 꾸고 있었다. 매일 같이 오디션을 보거나 아니면 서로 잘 어울리는 광고들에 소개해주기도 했다. 현재 모두 다른 일을 하고 있지만 끝까지 그 길을 따라가다 연예인으로 활발하게 활동하는 지인들도 있다. 그때의 내가 이러한 마음과 생각의 법칙들을 알았더라면 지금쯤 유명한 여배우가 되어 있었을 것이라고 생각한 적도 있다. 그만큼 그때의 내가 이러한 법칙들을 몰랐다는 것이 너무 안타깝고 아쉽다.

예술인이나 스포츠 선수들은 이미지 트레이닝을 훈련하고 마음공부나 명상을 훈련한다고 한다. 자신을 끊임없이 다독이며 가야 하는 길이기에 자신의 내면을 훈련하는 것을 철저히 배운다고 한다. 그때의 나는 그것들을 어디서도 들을 수 없었다. 그래서 많은 시간을 헤매다 이제야 알게 되고 삶에 적용시키게 된 것이다. 요즘 많은 학생들이 아이돌을 꿈꾸거나 유명한 래퍼가 되기를 바란다. 나는 그 길이 외롭고 쉽지 않다는 것을 경험으로 잘 알고 있다. 나는 연예인을 꿈꾸는 많은 이들에게 자신의 내면을 훈련할 수 있도록 프로그램을 만들어 코칭하는 과정도 곧 오픈할 예정이다.

모든 문제는 나의 내면 속에 있기 때문에 나의 내면을 가꾸면 내가 원하는 것을 이룰 수 있다. 간단한 법칙을 모르면 나처럼 헤매다 결국 포기하게 되는 것이다. 열정을 가지고 도전하는 많은 젊은 친구들에게 나처럼 자신을 채찍질하지 말라고 말해주고 싶다. 내 자신을 사랑해야 성공할 수 있다는 사실도 알려주고 싶다. 내가 놓친 많은 것들을 같은 길을 꿈꾸는 사람들이 놓치지 않도록 도와주고 싶다.

나는 10대 때부터 남들과는 다른 길을 가겠다고 생각했기에 여러 도전과 실패들을 경험하면서 또래의 30대보다 가진 꿈을 이루는 방법에 대해 많이 알고 깨닫게 되었다. 그동안 많은 실패를 경험하며 죽을 만큼 힘들었지만 지금 그 경험들에 너무 감사한다. 그 경험들이 없었다면 내가 이 힘든 과정들을 다 이겨낼 수 없었을 것이고, 20대에 멈추어진 작은 그릇과 여린 마음으로 다 포기했을 것이다. 그래서 나는 내가 경험하면서 얻은 노하우들을 이제 많은 사람들에게 공개하고 도움을 주는 사람이 되기로 결심했다.

모든 사람이 나의 도움이 필요하지 않겠지만 내 책을 읽은 당신에게 내가 도움이 될 수 있다면 내가 힘이 닿는 한 도움을 줄 것이다. 여러 가지 도전과 경험을 하며 나는 모든 문제의 답은 외부가 아닌 내 내부에 있다는 것을 알게 되었다. 그러니 이제 나의 외부에서 문제의 답을 찾지 않는다. 이 문제가 생긴 원인과 해답을 고요한 상태의 나에게서 찾고 해결한다. 세상이 내 마음대로 돌아가주지 않을 때 얼마나 답답한가?

누구도 명쾌한 답을 주지 않을 것이다. 왜냐하면 내가 내 문제의 답을 가장 잘 알고 있기 때문이다. 당신이 아직 답답한 상황이라면 조용히 눈을 감고 나 자신에게 물어보아라.

"내가 지금 이 상황에서 어떻게 해야 하는가?"

"내가 이 문제를 어떻게 해결하면 좋은가?"

이 질문들을 철학관이나 점집에 가서 물어볼 것이 아니다. 내 자신에게 물어보라. 그러면 나의 목소리가 고요하게 들려올 것이다. 그 소리에 집중하면 나의 내면에서 알려주는 해답이 들릴 것이다. 당신의 모든 문제의 답은 외부가 아닌 내면에 있다는 사실만 깨닫게 되어도 인생이 쉽게 풀릴 것이다.

05

남들과는 **다르게** 살겠다고 생각하라

나는 어릴 때부터 가지고 싶은 것이 많았다. 특히 중학교부터는 패션에 관심이 많았다. 온라인 쇼핑몰이 처음 생겨 아무도 이용하지 않을 때부터 나는 온라인 쇼핑몰에서 쇼핑을 하고 내일 어떤 옷을 입을지 미리 정해두곤 했다. 예쁘게 꾸민 나의 모습을 보면 자존감이 올라가고 기분이 좋았다. 그때의 내모습을 보면 무엇이든 해낼 수 있을 것 같았다.

중학생 때부터 나는 남들과는 다르게 살고 싶다고 생각했다. 그래서 연극영화과를 가고 싶었는지 모르겠다. 남들과는 다르게 나 자신을 가장 멋지게 꾸미고 돋보이는 삶을 살아가고 싶었다. 그 이후로 나는 연극

영화과에 가고 연예인이 되어 화려한 삶을 살아가는 것을 매일 꿈꿨다. 예쁜 드레스를 입고 시상식에 가는 모습을 몇천 번이나 생각했는지 모른다.

주변에서 너는 왜 그렇게 남들이 가지 않는 힘든 길을 가려고 하냐고 물을 때마다 그때의 나는 항상 이렇게 대답했다.

"한 번 사는 인생 남들과 똑같이 안 살고 싶어요. 정말 최고로 특별하게 살고 싶어요."

인생을 모두가 살아가야 한다면 더 좋은 것들을 누리며 최고로 살아가는 편이 낫다고 생각한다. 나의 생각은 점점 더 커져 성인이 되어서도 변함이 없었다. 정말 특별하게 살고 싶었다. 그런데 특별하게 살기에는 내 그릇이 너무 작았고, 준비도 하지 않고 담으려고만 했던 것이었다.

그래서 마음의 병을 얻었고, 극복하기 위해 많은 시간을 할애했다. 특별하게 살고 싶고 남들과 다르게 살고 싶다는 생각이 나를 여기까지 오게 했다. 다르게 살고 싶으니 남다른 노력을 해야 한다고 생각했고, 그 노력들을 하며 힘든 순간이 와도 포기하지 않았다. 남들과 다르게 살려면 이 정도는 당연하다는 마음이 내 마음속 깊이 있었다.

나의 둘째 동생은 항상 남들과 다르게 살아가려는 나를 보고 "언니는 욕심이 너무 많아. 그냥 평범하게 살아, 남들처럼. 왜 그렇게 욕심을 내서 다른 사람과 다르게 살려고 하는 거야?"라며 나에게 따져 물어본 적이 한두 번이 아니다. 내가 욕심이 많아 가족들을 힘들게 한다는 이유를 대며 나에게 따지고 물었다. 그렇게 말하는 동생에게 화도 나고 기분도 나빴다. 하지만 사실이었다. 내가 욕심이 많으니 남들과는 다르게 살려고 하는 것이고, 그 과정에서 가족들이 하고자 하는 것들을 잠시 미루고 내가 원하는 것을 먼저 해달라고 이야기하는 모습들을 보면 동생이 그런 말을 할 만하다고 생각했다.

우리 부모님은 첫째인 내가 잘 살기를 늘 바라셨다. 동생들과는 다르게 남들과 다르게 살고 싶어하는 나를 늘 걱정하셨다. 부모님들은 이미 알고 계셨다. 남들과 다르게 살아가려면 얼마나 많은 경험과 인생의 고비들을 넘어가야 하는지, 그것들을 우리 딸이 어떻게 헤쳐나가야 할지 너무나 많은 걱정들을 하고 계신 것이 당연했다. 그래서 뭐든 내가 하고자 하는 것이 우리 집에선 가장 우선시되었다. 조금이나마 수월하게 그 고비들을 넘어가게 해주고 싶은 부모님 마음이었다. 그래서 늘 동생들이 하려던 계획은 내 계획들로 인해 미루어지게 되었다. 동생들은 억울해하고, 또 그런 내가 얼마나 미웠을까? 그래서 저런 말들을 하며 나에게 자주 따지고 들었다.

시간이 흘러 내가 남들과는 다르게 살게 되었을 때 내 동생이 엄마에게 이런 말을 했다고 한다.

"다른 사람들과 다르게 살 거라고 하더니, 진짜 다르게 살긴 하네. 언니가 대단하긴 하다."

나는 그 말을 전해 듣고 동생에게 인정받은 기분이 들며 그간 미안했던 마음 때문이었는지 눈물이 왈칵 쏟아졌다. 내가 이루고 있는 결과들을 보며 가족들이 인정해주기 시작했을 때 그간 이기적으로 생각했던 시간들에 용서를 구하며 미안함의 눈물이 멈추지 않았다. 그리고 우리 가족들도 남들과는 다르게 살게 해주고 싶다고 다짐했다.

우리 가족의 꿈을 물어보고 그것들을 하나씩 실행시켜주기 위해서 나는 더욱더 열심히 달리고 있다. 나를 위해 희생했던 가족들에게 최고의 것들을 누리게 해주고 싶은 마음이다.

당신도 매일 직장에서 자신의 시간도 없이 일하고, 주말에는 밀린 잠을 자며, 매주 월요일에는 헬요일병에 시달리며 인생의 시간을 허비하고 있진 않은가? 지극히 평범하게 살아가고 싶어서 그냥 '남들처럼, 남들이 다 하니까.'라는 생각으로 모든 일을 하고 있지는 않은가?

평범하게 살고 싶다고 이야기하지만 SNS 속의 화려한 삶을 살아가는 사람들을 부러워하며 동경하고 있지 않은가? 그럼 당신도 그들처럼 살고 싶은 것이다.

그런데 왜 그들처럼 살겠다고 도전하지 않는 것인가? 도전한다고 다 되는 것이 아니라고 생각해서? 나한테는 그런 능력이 없다고 생각해서? 다음 생에나 가능하면 좋겠다고 생각하는가? 내가 장담하건데 당신이 남들과 다르고 특별하게 살겠다고 다짐하는 순간부터 당신 인생은 이제까지와는 다르게 흘러갈 것이다. 당신은 이제까지와는 다른 행동과 노력들을 하게 될 것이다. 현실에서 곧 특별한 인생을 살게 될 것이다. 그리고 자신에게 말할 것이다.

"남들과 다르게 살겠다고 다짐한 건 정말 최고의 선택이었어. 이렇게 많은 것들을 나도 누릴 수 있었어."

내가 해냈으니 당신도 충분히 해낼 수 있다. 남들이 살지 못하는 인생, 남들이 꿈꾸는 인생을 살고 싶지 않은가? 내가 원하는 장소에서 내가 원하는 사람들과 내가 원하는 것을 하는 것을 하며 사는 인생이 최고의 인생이지 않을까? 직장생활에 얽매여 정해진 시간에만 쉴 수 있고, 내가 원하지 않는 사람과도 함께 일해야 하는 환경보다는 훨씬 행복하지 않을까?

그들이 나보다 훨씬 능력이 있고, 처음부터 금수저여서 그럴 수도 있다. 그렇지만 그들의 공통점은 나는 부자가 될 자격이 있고, 나는 평범하게 살아가지 않을 것이며, 특별한 인생을 살 자격이 있는 사람이라는 스스로에 대한 확신이 있다. 그 확신으로 그들은 자신을 대하고 자신이 이루고 싶은 목표를 향해 달려간다. 그래서 자신에게 최고의 것을 경험하게 해주고 최고의 것들을 선물해줄 수 있는 것이다.

나는 미드를 보는 것을 좋아한다. 특히 부자들이 나오는 미드를 자주 본다. 20대에는 〈가십걸〉이라는 미국 드라마를 즐겨봤다. 미국 상류층의 학생들의 이야기였다. 그들은 학생임에도 불구하고 대저택에 살며 명품을 즐기고, 최고급 여행을 하며 평범한 학생들과는 거리가 멀었다. 그 드라마를 보며 나는 그들의 삶을 동경했다. 나도 저렇게 살아보고 싶다는 생각이 강하게 들었다. 그들처럼 멋진 드레스를 입고 파티를 즐기며 기사가 운전해주는 차를 타고 다니고 싶었다. 그때의 이 드라마는 대부분 20대들이 다 즐겨 볼 만큼 인기가 많았다. 아마 다들 평범한 학생들과는 거리가 먼 최상류층 학생들의 이야기를 보며 그들의 삶을 동경했기 때문일 것이다. 다들 그렇게 살고 싶기 때문에 그 드라마를 보며 대리만족했을 것이다. 나 또한 그랬다.

모든 사람들이 부자로 살고 싶고 남들과는 다른 특별한 인생을 살고 싶어 한다. 그 마음을 숨기거나 없애며 살아갈 뿐이다. 자신을 스스로 한계 속에 가두고 살아간다. 이제 그 한계에서 벗어나 나도 남들과 다른 인생을 살아가겠다고 다짐해라. 그러면 정말 남들과 다른 인생을 살기 위한 기회들이 펼쳐지고 그 기회를 잡고 따라가다 보면 정말 다른 인생을 살고 있을 것이다. 나 또한 계속 그 길을 향해 가고 있는 중이다. 당신도 함께 우리의 특별한 인생을 위해 달려가길 바란다.

06

나는 **우주의 법칙**에 따라 움직인다고 생각하라

이 세상에 일어나는 일은 반드시 원인과 결과가 있다. 우주의 중력의 법칙처럼 내 의지로는 변화시킬 수 없는 법칙들이 있다. 우리가 하루를 살아가며 여러 가지 겪게 되는 상황들도 이 우주의 법칙에 따라 움직여지고 있음을 인식해야 한다.

그것을 인식하기 시작할 때부터 당신의 인생은 변화하기 시작한다. 왜 나에게 이런 일이 생기는지를 나의 현재 환경에서 찾으려고 하지 말고, 나의 내면의 환경이 어떤지를 살펴보면 답을 찾을 수 있다. 하지만 그것은 나의 내면을 들여다볼 수 있는 사람이 아니고선 쉬운 일은 아니다.

그렇다면 어떻게 나의 내면을 들여다볼 수 있는 것일까?

특별한 방법이 있는 것은 아니지만 간단한 방법도 반드시 배우고 실천해야 한다. 그래야 나의 내면세계에 대해 알 수 있게 되는 것이다. 나도 나의 내면세계를 들여다보는 것이 쉽지 않았다.

내 마음을 어떻게 들여다보라는 건지 방법을 알지도 못했고, 특별한 사람들만 하는 것이라고 생각했기 때문에 쉽게 도전하지 못했다. 내가 명상을 접하기 시작하면서 나는 나를 들여다보라는 말이 무슨 뜻인지 조금씩 깨닫게 되었다. 늘 복잡하게 돌아가는 현재에 집중하며 살아가다 보니 나는 여러 감정들에 둘러쌓여 그 감정에 따라 살아가고 있었다.

진짜 내가 원하는 나의 목소리를 듣기에는 현재 세계에서 요구하는 대로 나는 나 자신을 무시한 채 세상이 만들어놓은 기준에 따라 움직이고 있었던 것이다.

나의 진짜 목소리를 무시하고 지낸 세월에 반항이라도 하듯 내면 속의 나는 나를 무너뜨려버린 것이다. 이제 제발 정신차리라는 듯 나를 한 번에 무너뜨려버렸다. 그렇게 하지 않으면 내가 영원히 진짜 나의 목소리를 들어줄 것 같지 않기 때문이다.

진짜 내가 누구인지, 그럼 지금 나는 가짜의 나인 것인지, 이게 무슨 말인지 혼란스러울 수 있다. 나에게는 2가지의 내 모습이 있다. 어릴 때 부터의 고정 관념과 나의 편견으로 만들어진 나의 모습과, 우주에서 태어날 때부터 가지고 있는 나의 영혼의 모습이라고 말하면 이해가 될 거라 생각된다.

인간은 본래 축복받은 존재로 태어났다. 많은 서적과 종교에서 그렇게 말하고 있다. 그런데 왜 모두 축복받은 형태로 살고 있지 못한 것일까? 그것은 내가 만들어낸 나의 모습이 나의 순수한 영혼의 모습을 덮어버리고, 그 영혼의 목소리를 듣지 않았기 때문이다.

내 마음속의 순수한 영혼은 내가 행복하기를 바라고 나의 성공을 위해 나에게 끊임없이 조언을 해주고 나와 함께하고 있다. 그런데 우리는 그 소리를 들을 수 있는가? 그 소리가 있다는 것조차 모르고 살아가지 않는 가? 영혼의 목소리는 끊임없이 우리에게 이야기하고 있다. 당신은 더 행복해질 권리가 있고 행복을 선택하라고 말이다.

나도 명상을 하며 내면의 소리를 들을 수 있었다. 내 마음속의 영혼이 정말로 원하는 이야기도 들을 수 있었다. 나에게 특별한 능력이 없어도 나를 들여다보는 방법만 배우니 가능했다. 내가 배운 방법은 생각보다 간단했다. 먼저 조용히 눈을 감고 호흡에 집중한다. 호흡에 집중하다 보면 마음이 차분하게 가라앉는 것을 느끼게 된다. 그리고 난 후 고민하고 있는 부분이나 자신에게 물어볼 말이 있다면 편안히 물어보면 된다.

예를 들어 "나는 지금 직장을 옮겨야 할지 고민하고 있어. 옮기게 되면 정말 행복할까? 너는 무엇을 진정으로 원해?"라고 말이다. 그러면 누군가가 나타나서 정답을 알려주는 것이 아니라, 내 머릿속에 처음으로 들어오는 생각이 있을 것이다. 마치 누군가 속삭이듯 말이다.

"나는 지금 네가 행복하지 않은 걸 알고 있어. 너가 행복하기 위해서는 새로운 도전을 하길 바라."라는 말처럼 가장 먼저 떠오르는 생각 또는 어떠한 장면으로 보여질 수도 있다.

이것이 나와 하는 대화이다. 아무것도 가려지지 않은 순수한 영혼의 나와 대화하는 것이다. 눈을 감고 쓸데없는 생각을 걷어낼 수 있도록 호흡에 집중하면 구름이 걷히듯 잡생각들이 걷어지고 진정한 나와 만나게 된다. 명상을 꾸준히 진행하다 보면 이 과정들도 자연스럽게 보이게 된다.

나는 이 방법들로 인생에서 중요한 순간들을 많이 결정해왔다. 사소한 고민이 생겨도 나 스스로에게 물어보고 답을 내렸다. 내가 결정한 것이라 그런지 늘 일이 잘 풀리는 쪽을 선택하게 되었다. 자신이 진정으로 원하는 일을 선택하니 당연히 만족스러울 수밖에 없다. 이 세상의 누구의 목소리도 듣지 않고, 세상의 잣대에 맞춰 결정하지 않았기 때문이다.

이렇듯 나와 대화하는 시간을 가지면 실수를 줄이고 올바른 선택을 하게 되는 경우들이 많다. 이 모든 것들은 우주와 내가 연결되어 있기 때문이다. 우주와 내가 연결되어 있으니, 모든 것들이 우주의 법칙에 영향을 받게 되는 것이다.

과학적으로 설명되는 신비한 것만이 우주의 법칙이 아니다. 보이지 않는 내면세계에서는 우리는 늘 우주의 법칙대로 살아가게 된다. 우리가 내면세계보다 눈에 보이는 외부세계에 더 집중하다 보니 그것을 무시하고 살아갈 뿐이다. 우주에는 우리가 마음만 먹으면 가질 수 있는 법칙도 있고, 우리가 외부세계를 살아가는 데 필요한 것들을 모두 구할 수 있는 유일한 곳이다.

이 모든 것들을 이해하고 받아들이려면 먼저 우주와 내가 연결되어 있다는 것을 인정해야 할 것이다. 그것을 인정해야 내가 위에서 이야기하는 모든 것들에 공감하고 수긍하게 될 것이다. 요즘은 의식 확장과 『시크

릿과 같이 끌어당김의 법칙을 설명해주는 책들이 많이 나와 있어 많은 사람들이 이것에 관심을 가지고 있을 것이라고 생각한다.

많은 사람들이 알고 있는 끌어당김의 법칙에 대해 잠깐 말해보겠다. 끌어당김의 법칙은 내가 원하는 바를 상상하면 우주가 그것을 실현시키기 위해 그것과 걸맞는 것들을 나에게 끌어당겨준다는 원리이다. 정말 끌어당김의 법칙은 존재한다. 우주의 법칙 중에 하나이다.

나 또한 끌어당김의 법칙을 자주 사용한다. 모두가 끌어당김의 법칙을 사용하기 위해 연습하고 또 연습한다. 하지만 결과는 사람에 따라 다르게 나타난다.

우주의 법칙이면 반드시 이루어져야 하는데 왜 어떤 사람은 이루어지고 어떤 사람은 이루어지지 않는 것일까? 그것은 에너지 주파수가 달라서이다. 우주에서 원하는 것을 끌어당겨서 나에게 오게 하려면 먼저 우주와 같은 주파수에 머물러야 그것이 나에게 끌려오게 되는 것이다.

나의 생각이 부정적이고, 감정이 다운되어 기분이 좋지 않은데 끌어당김의 법칙을 사용하기 위해 노력했다고 가정해보자. 과연 끌어당김의 법칙이 성공적으로 이루어질까? 정답은 끌어당김의 법칙은 작용하지 않는다. 왜냐하면 우주와 연결되는 주파수에 머물지 못했기 때문에 그에 걸맞는 에너지가 나에게 오지 못하는 것이다.

그러면 우주의 법칙인 끌어당김의 법칙이 늘 성립되게 하려면 어떻게 하면 되는 것일까? 정답은 간단하다. 나도 우주와 같은 주파수에 머무르면 된다. 긍정적인 생각으로 나의 의식을 확장하고, 나의 기분을 최고조에 머물게 하며, 감사하는 마음을 가지게 되면 나의 주파수는 올라가게 된다. 그러면 나의 주파수와 내가 가지고 싶은 것들이 있는 우주의 주파수와 딱 만나게 된다. 그때에 내가 끌어당기고 싶은 모든 것들이 나에게 끌려오게 되는 것이다.

이것은 정말 사실이다. 나는 하루의 기분을 늘 최고에 머물게 하려고 노력한다. 나의 기분을 늘 살핀다. 내 기분이 좋아야 내가 원하는 것들이 더 빨리 나에게 끌려올 것이니 말이다. 우리는 늘 우주의 법칙 안에서 살아간다는 것을 잊지 말아야 한다. 그 법칙 안에서 살아가니 당연히 그 법칙을 활용하는 방법을 배워야 하는 것이 아닐까?

07

나는 **운**이
좋은 사람이라고
생각하라

당신은 운이 좋은 사람인가 아니면 운이 나쁜 사람인가? 운이 좋은 사람이라고 생각하는 사람들보다 운이 좋지 않다고 생각하며 살아가는 사람들이 훨씬 더 많을 것이다. 나는 운이 좋지 않기 때문에 남들처럼 건물주도 아니고 좋은 차도 가지지 못하고, 늘 돈에 허덕이며 살아간다고 생각하며 내 삶에 대한 책임을 운에게 묻는다.

나 또한 어두웠던 20대 시절 세상 가장 운이 없는 사람으로 생각하며 살았다. 나만 운이 유독 없어서 무엇을 하려고 하면 늘 잘 안 된다며 해보지도 않고 모든 것을 운의 탓으로 돌렸다. 그렇게 하고 나면 내 스스로에게 조금은 위안이 되었던 것 같다. 사람은 생각대로 흘러간다. 내가 운이 없다고 생각한 20대에 정말로 운이 지지리도 없었다. 나 스스로 운이 지지리도 없는 사람이라고 생각했다. 그러니 운이 나에게 올 리가 없었다. 내 주변의 사람들은 어찌나 운이 좋은지 인생이 반짝반짝 아주 쉽게도 빛나는 듯 보였다. 그럴수록 나는 나 스스로를 비난하며 점점 더 우울해져갔다.

당신을 운을 믿는가? 로또에 당첨되는 것만이 운이 아니다. 내가 일상생활에서 겪는 모든 것들에도 운이 깃들어 있다. 내가 의식 공부와 마음 공부를 하며 가장 먼저 고쳐야겠다고 생각했던 부분이 있다. 그것은 바로 '나는 운이 정말 좋은 사람이다.' 하고 나의 생각을 뜯어 고치는 것부터였다. 그리고 나서 서점에 가서 운이 좋아지는 것들에 대한 책들을 모두 사서 읽었다. 그리고 바로 하나씩 실행에 옮겼다. 운이 좋아지는 말버릇, 운이 좋아지는 청소법, 운이 좋아지는 행동법 등 내가 생각한 것보다도 훨씬 운을 좋게 하는 방법들이 많았다.

나는 하나씩 메모해가며 매일 다이어리에 쓰고 체크했다. 정말 운이 좋아지길 바랐기에 매일 노력했다. 세상에 공짜가 없다 하지 않았는가? 정말 좋은 운을 가지기 위해 노력했다. 그 노력을 시작할 때부터 나는 정말 운이 좋아졌다.

정말 내가 실천하고 믿는 대로 내 운이 점점 좋아져가고 있었다. 실생활에서 운 좋은 일들이 계속적으로 일어났다. "역시, 난 운이 좋아."라는 말을 거의 매일같이 하고 살았다.

내 운이 바뀌는 것을 나는 느꼈다. 어둠이 싹 걷히고 밝은 빛이 매일같이 나를 비춰주는 그 느낌을 잊을 수 없다. 세상 모든 것을 다 가진 듯한 풍요로움과 행복감은 아직도 생생하다. 매일 아침 모든 것에 감사하게 되었다. 그냥 감사하다는 말이 절로 나왔다.

내 운을 이렇게 좋게 바꾸어줬으니 세상 모든 것에 대해 감사했다. 내가 자주 실천했던 것들 중 몇 가지를 알려주려 한다. 그냥 무심코 넘길 수 있는 아주 사소한 것에도 운은 깃들어 있었다. 내가 가진 물건을 소중히 다루는 것만으로도 나의 운은 달라질 수 있다. 나의 운은 내가 불러들일 수도 있고, 저 멀리 쫓아낼 수도 있는 것이다.

이제부터 당신도 운이 좋아지는 습관을 가지도록 노력해보자. 그 노력만으로도 나에게는 좋은 운이 가득하게 된다. 내가 매일 했던 습관들 중 아직까지도 습관으로 하고 있는 것들을 안내하려 한다.

먼저 나는 화장실의 청소를 매일 5분씩이라도 꼭 한다. 내가 읽었던 책에 공통적으로 나온 내용 중 하나는 화장실이 금전운에 아주 큰 영향이 있다는 것이었다. 나는 본래 청소 중 화장실 청소를 가장 싫어했다. 아마 이것은 모두가 마찬가지일 것이다.

주말이나 겨우 하면 다행이었던 화장실 청소에 대한 나의 생각은 운을 좋게 만들기 시작하면서 완전히 변화했다. 화장실이 깨끗하면 금전운이 좋아진다는 것을 알고 난 이후 나는 매일 세수와 양치를 하면 세면대를 깨끗이 한다. 아침 볼일을 본 후 변기 클리너로 변기를 깨끗이 하는 것으로 나의 금전운을 관리한다. 물때가 끼지 않도록 평소에 관리하고 주말에는 한 번 더 대청소를 해준다. 정말 신기하게도 화장실을 깨끗하게 관리하면 할수록 나의 금전운은 점점 더 좋아지기 시작했다. 그래서 이제는 가장 좋아하는 청소로 바뀌었다. 사람이 마음먹기에 달렸다고 가장 싫었던 화장실 청소가 가장 좋아하는 청소가 되다니 정말 재미있다.

그 다음으로 책상에 있는 물건을 모두 치운다. 너무 많은 물건들로 가득하면 새로운 것이 들어올 공간이 없어서 들어오지 못한다고 한다. 그래서 나는 내 방 가득 쌓여 있는 쓰지 않는 물건들을 모두 다 과감히 버리고, 텅텅 빈 공간으로 비워두었다. 빈 곳들에 새로운 것들이 가득 차기를 바라며 몇 날 며칠에 걸쳐 입지 않는 옷과 신발, 각종 소품들을 정리했다.

얼마나 많은 물건들에 둘러싸여 있었는지 놀라울 따름이었다. 모든 것을 깨끗이 정리하고 비우고 나니 내 마음도 한결 가벼워졌다. 이 공간이 다시 쌓여가지 않도록 매일 깨끗이 관리한다.

그리고 정신적으로 매일 내가 운을 좋게 하기 위한 관리법도 알려주고 싶다. 나는 직업의 특성상 매일 새로운 일들이 일어날 수 있는 곳이다. 그래서 늘 긴장 속에서 일을 한다. 아이들과 함께 하는 곳이다 보니 늘 주의 깊게 관찰해야 한다. 일을 하다 혹시 기분이 나쁜 일들이 생기거나 예민한 일들이 생길 때 나는 그 속에서도 내가 운이 좋아서 이 정도라고 생각하며 감사한 마음을 가지려 노력한다.

그러면 신기하게도 그 일은 대부분 잘 마무리된다. 그런 마음이 없다면 나는 매일 긴장과 여러 일들 속에서 예민한 하루하루를 보냈을 것이다. 내가 운이 좋아 이 정도라도 감사하다 생각하니, 순간 화가 나고 슬픈 감정들도 가라앉기 시작하고 다행이라는 마음이 깊게 올라온다.

물론 처음부터 이런 마음이 가능했던 것은 아니다. 당연히 화가 나고 슬픈 순간들 속에 빠져서 힘들어했던 적도 있다. 하지만 운에 대해 관리하기 시작한 이후부터는 그 감정 속에 들어가는 나를 알아차리기 위해 그 순간 나의 생각과 감정을 한 번 더 들여다보는 연습을 했다. 내가 지금 어디로 가고 있는지 체크하고 나쁜 감정과 생각으로 흘러가지 않도록 중간에 차단하였다. 그리고 긍정적인 생각으로 나쁜 감정들을 모두 놀아냈다. 매순간 연습을 하고 나니 이제는 자연스럽게 내 감정과 생각이 전환된다. 시스템화되어 나의 머리와 가슴속에 자리잡은 듯하다. 이 외에 여러 가지 실천법들이 많이 있다. 더 많은 정보들을 나의 연구소에서 운영하는 카페에 공개해두었다. 그곳에서 매일 운이 좋아지는 실천법을 실천해보길 바란다. 실천을 해야 결과가 있다. 그냥 읽어보는 것에 그치지 말고 꼭 한 가지씩이라도 실천해보길 바란다. 당신도 운이 좋아지길 바라지 않는가?

내가 하는 일마다 운이 따라줘서 모든 일이 척척 진행되는 것만큼 큰 행운이 어디 있는가? 그것은 내 자신이 만들 수 있다. 나의 운은 내가 관리할 수 있는 부분이다. 하늘에서 특별한 사람들에게만 운을 내려주는 것이 아니다. 여러분 주변의 부자들이나 성공한 사람들에게 물어보라.

"당신이 운이 좋다고 생각하십니까?"

대부분의 성공한 사람들은 "나는 운이 좋다고 생각한다."라고 대답할 것이다. 그들은 자신이 운이 좋다고 생각했기 때문이 운이 좋았고 그래서 성공자의 길로 갈 수 있었던 것이다.

나도 이제는 대단한 운을 지닌 사람이 바로 '나'라고 생각한다. 자신의 운을 타고난 운명에 따라 맡기지 말아라. 내가 태어난 사주팔자를 무시할 순 없지만 운명은 내가 바꿀 수 있다. 내가 나의 운명을 바꾸어가고 있고, 나의 운도 바꾸어가고 있다.

당신도 운이 좋은 사람이라고 생각하라. 그러면 정말 최고의 운들이 당신 곁으로 다가올 것이다.

08

나는 **많은 것**들을
가지고 있다고
생각하라

나는 아침에 일어나 가장 먼저 명상을 하고 감사일기를 쓴다. 특별히 감사한 일들이 일어나서 감사일기를 쓰는 것이 아니다. 내가 가진 것들에 감사하며 감사일기를 쓴다. 대부분의 사람들이 자신이 가지지 못한 것이 많고 늘 부족하다고만 느낀다. 다른 사람과 나를 비교하며 내가 가지지 못한 것에 대한 아쉬움만 가득하다.

나 또한 이전에는 다른 사람들이 가진 것을 나는 가지지 못했다는 사실에만 집착했다. 그래서 더 무리를 해서라도 남들이 가진 것들을 나도 가지려고 애썼다. 점점 애를 쓰면 쓸수록 나는 지쳐갔다. 가지고 싶은 것을 가졌다면 행복해야 하는데 생각보다 전혀 행복하지 않았다.

명품백에 관심이 있는 여성분들이 많을 것이다. 나 또한 20대에 명품에 빠진 적이 있었다. 친구들은 가지고 있는데 나만 없는 것 같아 카드할부를 해서 무리하게 명품 가방을 샀던 적도 있었다. 너무 가지고 싶어서 무리해 구매했는데 구매를 해서 나오는 순간부터 행복하지 않았다. 내가 없는 것에 집중하다 보니 그것을 채우는 데 급급했다. 그렇지만 행복하지 않았고 계속해서 더 부족한 것들을 찾으며 채워나가려 노력했다.

나의 삶이 점점 나아지고 있음을 느끼게 된 것은 내가 감사일기를 쓰기 시작한 이후부터이다. 내 상황이 좋지 않을 때에 읽었던 책들 대부분에는 감사일기를 쓰게 되면 세상을 바라보는 관점이 바뀌게 된다고 했다. 상황이 좋지 않아 감사할 것이 하나도 없었지만 믿고 실천해보기로 했다. 먼저 현재 내 상황에서 가지고 있는 것들을 살펴보았다. 내가 편하게 눈뜨고 잠잘 수 있는 집이 있었다. 자가이든 전세이든 월세든 아무 관련 없이 그냥 내가 편하게 잠자고 눈뜰 수 있는 공간이 있었다.

그 다음으로 내가 20대의 마지막에 구매한 BMW 3시리즈가 있었다. 그 당시 나의 드림카였기에 너무 행복했던 그 순간은 잊혀진 채 아무 감정 없이 타고 다녔던 나의 소중한 차가 있었다. 그리고 내가 언제나 편하게 연락을 취하고 일을 할 수 있는 스마트폰을 가지고 있었다. 그리고 가장 중요한 내가 좋아하는 일을 할 수 있는 소중한 직업을 가지고 있었다.

그렇게 하나하나 내가 현재 가지고 있는 것들에 집중하니 순식간에 10개 이상을 기록할 수 있었다. 나에게는 당연하게 소유하고 있는 것들을 못 가진 다른 사람들도 많이 있다고 생각하니 그것을 소유하고 있는 것만으로 너무 감사한 마음이 들었다.

현재 상황에서 내가 힘든 것들이 사라지지 않음과는 관계없이 감사일기를 쓰기 시작하면서부터 나의 상황을 바라보는 관점이 바뀌었다. 힘든 부분보다 내가 가진 것들에 대한 감사함이 더더욱 크게 느껴졌다. 그래서 현실의 힘든 부분은 힘든지도 모르게 그냥 지나가는 듯했다. 그리고는 정말 신기하게도 연달아 감사한 일들이 많이 일어났다. 나의 의식과 감정들이 모두 감사함에 집중하고 있었다. 그랬더니 현실의 어려웠던 부분들이 말끔하게 해결되었다. 그것에 나는 또한 감사했다.

나는 이전에는 감사한 일이 많이 없었다. 나에게 좋은 일이 일어나거나 내가 원하는 것을 가질 때만 감사했다. 그렇기에 감사한 일들이 일어나지 않은 것이다. 나는 현재도 매일 감사일기를 빼먹지 않는다. 감사일기는 이제 나에게 습관이 되었다. 우리가 잘 알고 있는 끌어당김의 법칙은 내가 생각하고 느끼는 것들이 진동하며 비슷하게 진동하는 것들을 끌어당긴다고 한다.

내가 감사하는 것에 집중하니 감사와 같은 진동수에 있는 것들이 나에게 끌려온 것이다. 이것은 내가 만든 것이 아니라 부정할 수 없는 우주의 법칙이었다. 나의 감사일기 효과를 옆에서 지켜본 엄마와 동생은 매일 아침 출근 전 내가 하는 모닝 루틴을 진행하고 매일 감사일기를 쓰고 있다. 엄마는 부동산 관련 일을 하시기에 감사일기를 쓰고 나니 손님이 끊이질 않게 되었고, 동생은 개인 레슨 회원들이 끊이질 않으며, 강사들을 교육할 수 있는 기회를 얻게 되어 요즘 너무 행복한 나날을 보내고 있다.

나는 어릴 때부터 패션에 관심이 많았다. 빈티지룩, 프렌치룩, 오피스룩 등등 다양한 스타일을 시도하며 나의 스타일을 찾아갔다. 그러다 보니 옷과 신발의 욕심이 많았고 수입의 대부분을 그것을 사는 것에 사용했다. 매일 택배가 배송되어 집 앞 현관을 가득 메우고, 신발장에는 신발이 들어갈 곳이 없었다. 엄마에게 혼날까 몰래 숨기고 방에 들어간 적이 한두 번이 아니다. 그렇게 옷이 좋았다. 나의 옷에 대한 관심과 애정은 내가 학원을 운영하며 힘든 시기를 겪을 때에도 옷을 예쁘게 입는 걸로 위로를 받을 정도였다. 그런데 감사일기를 쓰고 나서부터는 신기하게도 옷과 신발에 대한 욕심과 집착이 사라졌다. 이미 넘치고 넘치는 옷들과 신발을 가지고 있는 것만으로도 감사하게 되니 더이상 사고 싶은 것이 없었다. 그리고 그동안 쌓아만 두었던 입지 않는 옷들을 지인들에게 나누어주고 늘 자주 입는 옷 몇 벌만 소유하게 되었다. 옷 정리를 하며 도대체 이건 언제 샀는지 기억조차 나지 않는 옷들이 많았다. 스트레스를 물건을 사는 것으로 풀었던 것이다. 이제는 옷장도 신발장도 나에게 꼭 필요하고 자주 입고 신는 것들로만 채웠다.

감사일기로 나는 너무 많이 변화했다. 현재 상황에 대한 불평 불만에만 집중했던 내가 가지고 있는 것들에 감사하는 것에 집중하게 되었다. 이것은 큰 노력이 들지 않는다. 관점을 돌리는 것만으로 가능했다. 불평에서 감사로 관점만 돌리면 쉽게 가능한 일이었다. 정말 간단한 것이지만 어떠한 수단 없이 바로 전환하기는 힘들 것이다.

나처럼 그 수단으로 감사일기를 써보기를 추천하고 싶다. 거창한 곳에 일기를 쓸 필요 없이 본인이 매일 기록하는 다이어리도 괜찮고 집에 많이 굴러다니는 메모장도 괜찮다.

요즘은 핸드폰으로도 기록할 수 있지만, 나는 직접 펜을 들고 쓰는 것을 추천하고 싶다. 하나씩 써내려가며 감사한 감정을 느끼고 생각할 수 있는 시간을 가질 수 있기 때문이다.

개인마다 다양한 방법들이 있겠지만 나는 나에게 오늘 감사한 일이 일어났다면 그것을 위주로 쓰고 그렇지 않는 날에는 내가 평소에 당연하게 여기지만 가지고 있는 것들에 대해 감사하며 일기를 쓴다. 감사한 일이 매일 일어나면 좋겠지만 평범한 나날들 속에서도 감사함을 찾을 수 있다. 그것조차 감사한 마음이 들지 않는 힘들고 슬픈 날에는 내가 살아 숨쉴 수 있음에 감사하며 일기를 쓴다.

나만 빼고 세상 사람들은 정말 많은 것들을 가지고 있는 것처럼 느껴질 것이다. 나만 좋은 집과 좋은 차, 좋은 직장, 명품 등을 가지지 못했고, 나만 빼고 다 가지고 있다고 생각하며 세상 가장 불쌍한 사람이 나인 것처럼 느껴질 때가 많을 것이다. 세상에 모든 것을 하나도 빠지지 않고 완벽하게 가지고 있는 사람은 없다. 나만 없는 것이 아니라 내가 '없다'고 생각하고 세상을 바라보기에 내 눈에는 기회가 보이지 않는 것이다.

다른 사람들과 비교하며 내 자신이 가진 것들을 살펴보지 않았기에 그것들을 누릴수 있는 기회들이 보이지 않아 놓치게 된다. 내가 원하는 것들을 다 가지고 싶은가? 그렇다면 지금 당장 내가 가지고 있는 많은 것들에 집중하길 바란다. 내가 가진 물건, 사람, 재능 등에 집중하다 보면 내 눈에 그 기회들이 보인다. 더 많은 것들을 가질 수 있는 기회가 보이고 평소 내가 가진 것들을 잘 알고 있기에 그것을 활용해서 그 기회를 잡는다. 그래서 내가 원하는 모든 것들을 가지게 되는 것이다.

이것은 정말 돈 한 푼 안들이고 성공할 수 있는 방법 중 하나이다. 대부분의 사람들은 돈이 들어야 목숨 걸고 한다. 이렇게 좋은 방법이 있어도 돈이 안 들어가기 때문에 하찮게 여기고 시도조차 하지 않는 것이다. 하지만 나는 돈 한 푼 안 들이고 이 방법으로 인생에서 원하는 절반 이상을 이루어가고 있다. 내 말을 믿고 꼭 한번 실천해보길 바란다.

4장

생각을 행동으로
옮길 수 있는
모닝루틴

01

아침 명상으로
머리와 마음을
비워라

아침에 하루를 어제의 걱정거리로 시작할 것인가? 아니면 어제의 걱정은 잊고 오늘의 새로운 마음으로 시작할 것인지는 당신의 선택에 달려 있다.

나는 하루의 아침을 가장 중요하게 생각한다. 아침의 시작이 어땠냐에 따라 나의 하루의 운이 결정된다고 생각한다. 나는 명상을 시작한 이후로 허겁지겁 아침을 시작해본 적이 없다. 매일 여유롭게 나의 모닝 루틴을 하고 부정적인 기분은 사라지고 긍정적인 기운과 풍요로운 마음으로 출근을 한다.

대부분의 사람들과는 많이 다른 아침을 보내고 있다. 알람시계를 여러 개 맞춰두고 5분이라도 더 잠을 자고 싶은 마음과 싸우느라 일어날 때부터 짜증이 섞인 채로 정신없이 준비를 하고 출근을 하는 대부분의 직장인들과는 완전히 다른 아침을 시작한다.

나는 평균 7시간은 꼭 수면을 취해야 한다. 그래서 알람을 여러 개 맞춰두지 않는다. 나의 몸은 이제 적당한 수면시간이 끝나면 알아서 깨어난다. 그리고 숙면을 취하고 일어나 개운한 머리와 마음으로 명상을 시작한다.

명상의 방법들은 여러 가지가 있지만 자신에게 가장 잘 맞는 명상을 시작하면 된다. 나는 명상을 통해 인생을 바꾼 이후에 미국의 명상 자격증을 획득했다. 많은 사람들에게 명상을 조금 더 쉽게 알려주고 싶어 더 깊게 공부하고 매일 실천해오고 있다.

나의 네이버 카페와 유튜브에도 명상하는 방법에 대한 영상과 데일리 명상 과정이 운영되고 있으니 명상을 시작하기에 앞서 망설여진다면 나의 방법들을 배워서 따라 해보길 추천한다. 나도 당신처럼 명상은 도인들이나 하는 것이라고 생각했던 사람이었기 때문에 명상을 처음 접할 때 어떠한 마음일지 너무나 잘 알고 있다. 그래서 나는 당신이 명상에 익숙해질 때까지 내 경험과 노하우를 나눠주고 싶다. 필요하다면 언제든 나에게 연락해도 좋다.

미국의 세계적인 기업들은 명상을 전문적으로 교육할 수 있는 별도의 공간을 만들어 직원들에게 적극 권장하고 있다. 구글에서 직원들이 명상을 하고 있는 사진들은 검색만 해봐도 찾을 수 있다. 명상을 통해 직원들의 창의력을 발전시키고 업무 스트레스가 해소되므로 일의 효율성이 높아지고 직무에 만족도가 올라가고 있다.

아쉽게도 우리나라의 기업들은 아직 명상을 적극 도입하여 실행하고 있지는 않다. 나는 명상의 효과에 대해 너무나도 잘 알고 있기에 우리나라의 기업에도 하루 빨리 명상 프로그램이 도입되어 직원들의 업무 스트레스를 줄여주고 일의 효율성을 높일 수 있길 바란다.

요즘은 마음챙김, 마음공부, 명상 등에 관련된 책들과 유튜브 채널이 많이 있어 이전보다는 접근하기가 훨씬 쉬워졌다. 많은 사람들이 명상의 효과를 입증하고 있다 보니 평소 명상에 대해 잘 몰랐던 사람들도 명상에 대해 물어보고 관심을 가지기 시작했다.

내가 명상을 시작할 때는 명상을 한다고 말하기가 조심스러운 사회적 분위기가 있었다. 마치 종교 행위나 미신처럼 사람들이 여겼기 때문이다. 나는 명상으로 우울증을 극복했기 때문에 주변의 많은 사람들에게 명상을 추천하고 싶었다. 하지만 그런 나를 오히려 이상하게 여기며 연락을 하지 않았다.

그래서 나는 요즘 너무 신이 난다. 많은 사람들에게 내가 명상을 하는 것에 있어 전혀 부끄럽지 않고 오히려 사람들이 나에게 먼저 물어본다. 명상하는 방법에 대해 알려달라고 나에게 먼저 문의가 오고 있는 것이다. 그래서 나는 요즘 너무나도 즐겁게 많은 사람들에게 명상하는 방법에 대해 알려주고 있다. 내 책을 읽고 있는 여러분에게는 내가 경험한 명상들은 다양하지만 가장 쉽게 할 수 있는 데일리 명상을 추천해주고 싶다.

명상을 시작하기에 앞서 가장 중요한 것이 있다. '이것'이 전제 조건이 되어야 원활한 명상이 진행될 수 있다. 적어도 나는 그랬다. 전문가들마다 의견은 다를 수 있지만 나는 내가 경험하고 효과를 보고 있는 방법 안에서 안내하려 한다. 바로 충분한 수면시간이다. 그 전날 밤에 잠을 잘 자는 것부터가 내일 아침 명상의 시작이라고 할 수 있다.

만약 당신이 전날 밤 늦게까지 술을 마시고 새벽에 들어와 잠을 잤다고 가정해보자. 아침 출근 전 명상을 하려 자리에 앉았는데 숙취가 가시

질 않아 머리가 깨질 듯이 아픈 것이다. 그러면 호흡도 잘 되지 않고 나의 의식이 머리 아픈 곳에 집중되어 있기 때문에 명상을 원활하게 진행할 수 없지 않겠는가? 아니면 당신이 야근을 하고 늦게 잠에 들어 4~5시간만 자고 일어났다고 가정해보자. 아침에 일어나 머리를 맑게 하는 명상을 해야 하는데 너무 피곤해 눈도 못 뜨겠다고 한다면 원활한 명상이 가능하겠는가? 이제 내가 어떠한 말을 전하고 싶은지 충분히 이해했으리라 생각된다. 몇 시에 잠을 잘 수 있는가는 각자 환경에 따라 다를 수 있으므로, 몇 시로 정할 순 없지만 본인의 생활 안에서 최소 6시간 이상은 잠을 잘 수 있도록 전날 밤 수면시간부터 지킬 수 있도록 해야 한다.

충분한 잠을 자고 일어나면 몸도 마음도 편안하게 눈을 뜨게 되고 덩달아 기분도 개운해질 것이다. 일어나자마자 자신이 자고 일어난 침대부터 정리해보자. 다음으로 간단히 양치 정도만 하고 자신이 가장 편안하고 조용하게 있을 수 있는 공간으로 가서 앉아보자. 꼭 가부좌를 틀고 앉아야 하는 것이 아니다. 양반다리를 하되 오래 있을 경우 다리에 쥐가 날 수 있으므로 다리를 꼬지 말고 양쪽 무릎을 편안하게 바닥에 두도록 하자. 그리고 호흡을 해보자. 숨을 크게 들이 마시고, 내쉬는 것을 5~8번 정도 반복해보자. 복식 호흡을 해야 하는데 쉽게 생각하면 된다. 숨을 마실 때 배 밑이 볼록해지도록 하고 내쉴 때는 배가 쏙 들어간다고 생각하고 그것에 집중하여 호흡하면 된다.

호흡을 하는 동안에도 여러 생각들이 들 수 있다. 그럴 때는 들이마시는 호흡을 8번 정도로 나누어 마신다고 생각하고 잠시 멈추었다가 8번으로 나누어 내쉰다고 생각하고 마음속으로 카운트를 세면서 그것에 집중하다 보면 어느 순간 마음이 차분해지고 쓸데없는 생각들이 들지 않고 편안해질 것이다. 그때 나는 미간쪽에 집중한다고 생각하고 모든 정신과 마음을 그곳에 집중한다. 그러면 사람마다 다양한 현상이 일어날 것이다. 어떤 사람은 하얗거나 파란 빛들이 보일 수도 있고, 어떤 사람은 블랙홀처럼 빠져들어가는 듯한 기분을 느낄 수도 있다.

빛이 보이거나 어떤 현상이 보이면 두려워하거나 피하지 말고 그곳에 집중해보자. 처음 명상을 하면 명상을 하면서 경험하는 다양한 것들에 놀라서 깨버리곤 한다. 그 다음부터는 두려워서 명상을 시작하기 두려워하는 경우들이 있다. 하지만 피하지 말자. 그것은 누구나 겪을 수 있는 현상이고 꾸준히 수련하다 보면 더 이상 잔상이 보이거나 두려운 마음이 사라지게 된다. 그곳에 집중하면서 모든 생각이 사라지고 내 마음이 착 가라앉는 편안한 느낌 속에 빠져들면 나는 그때 내가 원하는 장면을 생생하게 상상한다. 내가 영화를 찍듯이 배우가 되어 연기를 하고 있는 것이다. 행동 하나 말투 하나 촉감까지도 느끼려고 노력하며 생생하게 영화를 찍는다. 그렇게 되면 내가 앉아 있다는 사실도 인지하지만 그 속에 있는 나도 인지하게 되는 순간이 온다. 그것을 알아차릴 때 나의 몸에서 나는 반응들이 온다. 몸이 뜨거워지기도 하고, 감사와 기쁨의 눈물이 나기도 하고 정말 다양한 반응들이다.

모든 장면의 상상을 생생하게 끝내고 나면 내가 평소 적어서 외워 두었던 긍정 확언을 한다. 내가 원하는 문장을 만들어 100번을 외치는 것이다. 예를 들면 "나는 월 1억을 버는 사람이다!"를 100번을 외치면 된다. 반드시 현재형으로 말이다. 이렇게 하고 나면 나의 에너지가 느껴질 것이다. 손이나 팔이 찌릿찌릿 전기가 통하듯 느껴지기도 하고, 열이 올랐다 내렸다 하는 것도 느껴질 것이다. 이러한 현상들을 더 깊게 설명하자면 너무 복잡하고 종교적으로 느껴질 수 있으니 지금은 나의 몸에서 어떤 반응이 오는지 느끼는 데만 집중하도록 하자. 그리고 나서 호흡을 3번 정도 나누어 정리하고 서서히 눈을 뜨면 된다. 나의 데일리 명상은 이렇게 매일 20~30분 정도로 진행되고 있다.

만약 당신이 어떠한 문제나 답을 얻고 싶어 명상을 한다면 그 주제를 두고 명상을 하는 방법들도 있다. 하지만 명상 수련이 처음이라면 내가 안내하는 방법으로 시작해서 그것이 익숙해지면 다양한 방법들을 배워 나가며 나만의 명상 패턴을 만들어가면 된다.

나는 아침 명상을 시작으로 엘리베이터를 탈 때, 운전을 할 때 등 일상

생활에서도 명상을 하며 하루를 보내고 있다. 꼭 앉아서 눈을 감아야지만 명상을 하는 것은 아니다. 서서히 명상을 공부하고 배워가면서 자신만의 패턴을 만들 수 있도록 해야 한다.

명상으로 인생을 바꿀 수 있다. 내가 그것을 경험했기 때문에 여러분들에게도 강력 추천한다.

02

마음 근육을
탄탄하게 할 수 있는
책을 필사하라

내가 읽은 많은 책들 중에서도 내 마음과 머릿속에 반복적으로 꼭 새겨야겠다고 생각하는 책이 있다. 여러 번 반복적으로 읽고 내 마음에 새기기 위해서 책을 필사한다. 물론 여러 번 반복해서 읽어도 기억에 잘 남는다. 하지만 내 마음속 깊은 곳에 각인하기 위해서는 반드시 펜으로 꾹꾹 눌러쓰고 쓰면서 나의 생각을 전환하는 시간을 꼭 가져야 한다. 나는 3년째 5권의 책을 매일 필사해왔다. 모두 내 인생의 전환점이 되어준 책들이다.

요즘은 김태광, 권마담 작가님의 『새벽 5시 필사 100일의 기적』이라는 책을 필사하고 있다. 꿈을 향해 달려가고 있는 현재의 나에게 해답서와 같은 책이기 때문에 매일 아침 필사를 하고 있다. 책을 필사한다는 것은 어려운 것이 아니다. 날짜별로 쓸 수 있는 책을 필사하거나 매일 한 페이지씩 필사를 하면 된다. 그대로 책의 내용을 따라 쓰고 그 부분을 읽고 나서 느낀 부분을 써내려가면 된다.

필사는 나에게 멘토가 되어주었다. 나는 필사를 통해 다시 일어나고, 깨달음과 용기를 얻을 수 있었다. 그래서 나는 내가 원하는 것을 이루고 있는 지금도 필사는 절대 빼먹지 않는다. 그때의 나는 실패에서 일어날 수 있는 방법이 필요했고, 지금의 나는 꿈을 이룬 후 내가 갖추어야 할 의식을 상승시키기 위해서 필사를 하고 있다. 내가 실패를 여러 번 겪고 도저히 일어설 힘이 없었을 때 그 어디에서도 나에게 일어날 수 있는 방법을 알려주는 곳이 없었다.

지금처럼 유튜브나 SNS라는 온라인 채널이 전혀 없었기 때문에 나보다 먼저 경험한 사람들의 이야기를 들을 수 있는 곳이 전혀 없었다. 혼자 딛고 일어서기에 너무 힘이 들었고 자신이 없었다. 그때에 나에게 멘토가 되어준 것이 책이었다.

나는 수백 권의 책을 읽고 그 속에서 내가 필요한 답들을 찾아갔다. 그만큼 책을 구매하는 비용을 들이고 나 혼자 그 많은 책을 읽고 답을 찾아가기에 20대의 시간을 다 투자해야 했다. 지금은 얼마나 좋은 시대인가? 인터넷에 내가 원하는 정보를 검색만 하면 모든 정보들이 다 나오고 그것에 대해 도움을 줄 수 있는 곳들까지 친절하게 알려준다. 나도 그때에 이러한 온라인 채널들이 있었다면 나의 소중한 20대의 시간을 아껴서 더 빨리 성공의 길로 갈 수 있지 않았을까?

혼자 시행착오를 겪으며 꿈을 이루어나가는 것은 정말 쉬운 일이 아니다. 지금은 무일푼으로 세계적인 기업으로 이루어낸 분들처럼 그 많은 시행착오들을 겪고 일어나지 않아도 된다. 그분들의 경험담과 노하우를 얻어서 내 것으로 만들고 실행하면 된다.

이 얼마나 감사한 일인가? 내가 그 힘든 경험들을 다 겪어내지 않아도 나를 대신하여 먼저 겪은 분들의 노하우를 배워서 그 과정을 뛰어넘을 수 있다는 것이 감사하지 않은가?

나는 너무 감사한 마음으로 작가님들의 책을 필사하고 있다. 나보다 먼저 경험을 해서 이 책을 통해 내가 그 과정을 뛰어넘을 수 있게 도와주는 것이 얼마나 감사한지 모른다. 그래서 내가 책을 쓰기로 결심을 한 것이다. 나도 그들처럼 나의 경험을 통해 많은 사람들이 아까운 시간과 돈을 낭비하지 않기를 바란다. 내가 먼저 경험한 것들을 보고 다른 사람들이 큰 시행착오 없이 더 편하게 자신의 꿈을 이루기를 바란다. 그래서 나는 책을 쓰기로 결심했다.

나의 이야기를 하는 것이 쉽지는 않았다. 하지만 내가 많은 작가님들에게 도움을 받았듯이 나도 그 보답을 다른 사람들에게 돌려주고 싶어서 굳은 결심을 하고 책을 썼다.

나는 평소 운동을 하는 것을 별로 좋아하지 않는다. 매일 꾸준히 운동하는 것은 정말 잘 안 되는 일 중 하나이다. 헬스장에 등록하고 작심삼일로 끝나고 회원권 기한이 끝나는 사람이 바로 나이다. 그래서 몸의 근육을 만드는 것의 중요성이나 필요성을 전혀 느끼지 못했다.

그런데 어느 날부터 몸이 너무 피곤했다. 매일 오전 업무를 끝내고 나면 오후에는 몰려오는 피로에 1시간씩을 잠을 자지 않으면 오후에 업무를 진행할 수 없을 정도로 체력이 저하되어 있었다. 몸에 문제가 생긴 줄 알고 병원에 갔다. 몸에 큰 문제가 있는 것은 아니었다.

체력이 너무 저하되어 있다는 진단을 받았다. 일을 하느라 밥도 잘 챙겨먹지 않으니 몸으로 영양이 가지 않았던 것이다. 다른 처방은 없었다.

몸에 영양소를 채워주고 매일 1시간이라도 꼭 운동을 해야 한다고 했다. 몸에 근육이 너무 없는 것이 문제였다.

나는 그 이후부터 너무 하기 싫은 운동을 하기 시작했다. 유산소 운동과 무산소 운동을 병행하며 운동을 하기 시작한 이후부터 나의 피로함은 줄어들기 시작했다. 운동을 하면 더 피곤해질 것 같아 하지 않았던 것인데 오히려 운동을 하고 몸의 근육들이 생기기 시작하니 나의 피로감은 신기하게도 사라지게 되었다. 그때 나는 몸의 근육이 얼마나 중요한 역할을 하는지 깨닫게 되었다.

우리는 몸의 근육을 키우기 위해서 운동을 한다. 단백질 보충제를 챙겨 먹고 몸의 건강을 위해 시간을 쪼개어 운동을 하며 건강을 관리한다. 하지만 대부분의 사람들이 마음 근육을 키우는 것에는 전혀 관심이 없고, 마음 근육이 있다는 것조차 모른 채로 살아간다.

몸의 근육이 없으면 체력이 저하되고, 마음의 근육이 없으면 조그마한 일에도 쉽게 상처를 받게 된다. 도전을 하다 실패의 순간이 오면 곧바로 포기해버린다. 나처럼 바로 우울증에 걸려버리는 것이다.

마음의 근육이 없으면 우울증이라는 바이러스가 쉽게 찾아온다. 그리고 감기에 걸리듯 마음의 감기에 걸려버리는 것이다. 감기 중에서도 아주 독한 감기이다. 그래서 너무 많이 고통스럽고 아프다. 잠시 괜찮아지는 듯 하다 또다시 걸리는 것을 반복한다. 그래서 마음의 근육이 중요한 것이다. 나 또한 마음의 근육이 무엇인지 생각하며 살아간 적도 없고, 마음의 근육이 왜 중요한 것인지 단 한 번도 생각을 해본 적이 없었다.

20대에 우울증을 심하게 겪으며 마음에 대해 공부하기 시작했고, 마음의 근육의 중요성에 대해 알고 그때부터 마음의 근육을 키우기 위한 다양한 공부와 행동들을 하기 시작했다.

정말 신기한 것은 우울증이 찾아온 이후 운동을 할 의지조차 없어 5년 이상 운동을 전혀 하지 않았다. 그렇다면 나는 다시 저질 체력으로 인해 피로감이 몰려와야 하는데 오히려 에너지가 더 넘쳐났다. 나의 몸의 근육이 멈춰 있는 동안 마음의 근육은 너무 단단하게 자리 잡아 갔다. 그래서인지 몸의 근육이 손실되었다 하더라도 마음의 근육이 탄탄하니 전혀 나의 몸과 마음에 지장을 주지 않았다. 그때 나는 깨달았다. 몸의 근육만큼 마음 근육이 중요하다는 것을 깨닫게 된 것이다.

마음 근육을 강화하면 몸이 아픈 것도 치유할 수 있다는 이론은 여러 책들에도 소개되어 있다. 우리의 몸과 마음은 연결되어 있기 때문이다.

우울증에 걸리면 온몸에 힘이 없고 아픈 것처럼 말이다. 반대로 내가 아프지만 아프지 않다고 생각하거나 치유 명상을 하면 나의 몸은 신기하게 아프지 않은 경우들도 많이 있다. 오늘부터 마음 근육을 단련하기 위한 필사를 해보길 바란다. 자신이 반복하여 읽고 싶은 책과 노트 한 권만 있으면 바로 시작할 수 있다.

거창하게 시작하려 하지 말고 그냥 시작해보아라. 그리고 매일 진행하다 보면 그것은 어느새 당신의 하루 일과에 자리 잡을 것이다.

03

오늘의
TO - DO LIST를
써라

나는 어릴 때부터 다이어리를 쓰는 것을 좋아했다. 예쁜 다이어리를 찾아보고 구매하는 것만으로도 행복하다. 여러 권의 수첩과 다이어리들이 책상에 전시용으로 있더라도 그것을 보고 있는 것만으로도 마음이 풍족해졌다. 그렇다 보니 계획을 세우고 다이어리를 쓰는 방법들을 다양한 방식으로 시도해보게 되었다. 여러 시도 끝에 이제는 내가 가장 쓰기 편한 방법으로 다이어리를 쓰고 있다.

크게 나누면 오늘 내가 〈회사 대표로서 해야 할 일〉과 〈개인적으로 해야 할 일〉로 나눈다.

그리고 앞의 네모박스를 그려두고 완료하면 체크를 하여 일의 진행 상황을 체크 한다. 하루 종일 해야 할 일을 써두고 모든 네모칸이 체크되었음을 확인하고 다이어리를 닫을 때 그 홀가분한 기분은 겪어본 사람만이 알 것이다. 오늘 하루 내가 열심히 살았다는 증거가 되고, 나의 꿈에 한 걸음 더 다가간 것 같아 뿌듯함까지 밀려온다. 이러한 기분이 내 꿈을 향해 달려가는 데 정말 중요한 원동력이 된다.

자기계발에 관련된 영상들을 보면 다이어리와 저널을 쓰는 방법들에 대한 정보들이 많이 있다. 다양한 방법들이 있으니 여러 가지로 시도해 보고 자신에게 가장 잘 맞는 방법으로 만들어가면 된다. 여러 방법들을 시도해보아야 자신과 가장 적합한 방법을 찾을 수 있다.

나는 현재 단순히 TO-DO LIST를 쓰는 것에서 그치지 않고 바로 밑에는 하루의 감사일기를 쓰는 것으로 진행하고 있다. 그러면 하루에 이루어낸 일들과 감사일기를 한눈에 볼 수 있어 편리하다. 만약 다이어리 쓰기 방법이 궁금하다면 나의 네이버 카페 미라클석세스 스쿨에 오면 다이어리를 효율적으로 사용할 수 있는 다양한 방법들을 공유하고 있으니 방문해서 사용해보길 바란다.

대부분 자기계발서에 추천되는 다이어리의 작성법은 이렇다. 시간대

별로 세분화해서 TO-DO LIST를 작성하거나 일의 우선순위를 두고 작성하는 방법이다. 처음에 나도 사용했던 방법이다. 하지만 시간대별로 작성하는 방법은 나의 성향과는 맞지 않았다. 시간을 나누어 계획을 짜면 그 시간 안에 끝내지 못했을 때의 강박관념이 생기게 되었고, 그것에 대한 스트레스가 심해지기 시작했다. 그래서 지금은 일의 우선순위와 오전/오후 정도로만 시간을 나누어 작성하는 정도로만 쓰고 있다. 그러니 정답은 없다. 내가 매일 쓰기 편한 것이 가장 오랫동안 사용할 수 있을 것이다

내가 가장 처음 다이어리를 쓰기 시작한 것은 자기계발 서적에서 프랭클린 다이어리에 대해 알게 되었을 때였다. 그 당시에는 다양한 경험들을 나눌 수 있는 온라인 채널들이 없었기에 하나씩 실행해가며 배우는 방법밖에 없었다. 성공하기 위해서는 시간 관리가 가장 중요한데 프랭클린 다이어리는 성공자들이 시간 관리를 하는 방법으로 쓸 수 있도록 설계되어 있다고 했다.

그 당시에는 성공하는 방법에 관련된 모든 것들을 시도해보는 시기였기에 큰 비용임에도 불구하고 구매했었다. 그래서 다이어리의 앞부분에 나와 있는 가이드대로 시간 관리 하는 방법들을 써가며 배워나갔다. 그때의 시간 관리법에 대해 배운 것들을 적용하여 나만의 다이어리 쓰는

방법을 만들어나갔다. 요즘에는 다이어리 쓰는 방법들이 쉽고 다양하게 잘 공유되어 있으니 검색해보고 쓰는 방법을 배워나가보길 바란다.

나는 어떠한 목표를 설정하면 달성 시기를 정한다. 그리고 그 시기 안에 목표를 달성하기 위해 지금 내가 해야 할 일을 3가지 정도 정한다. 그런 다음 그것을 매일 나의 TO- DO LIST에 기록한다. 매일 조금씩 할 수 있도록 목표를 나누어 그 목표일 안에 달성할 수 있도록 기록한다.

예를 들어 TESOL 영어 티칭 자격증을 2021년 3개월 안으로 취득하기로 목표를 세웠다고 해보자. 총 30unit의 강의를 듣고 test를 완료해야 한다고 했을 때, 3일에 하나의 unit을 수강하고 하나의 test를 마무리 하는 것으로 TO-DO LIST를 작성하는 것이다. 그러면 결국 3개월 뒤에는 나의 목표 하나가 달성되는 것이다. 나는 대부분의 목표들을 이렇게 달성하고 있다. 특별한 비법은 없다. 막상 해보면 정말 단순한 것을 반복할 뿐이다. 가장 중요한 것은 매일 빼먹지 않고 내가 한 일들을 지워 나가는 것이다. 그것이 내가 목표를 이룰 수 있는 방법 중 가장 중요한 것이다.

목표 설정을 해야 내가 어떻게 해나가야 할지, 무엇부터 시작해야 할지 길이 보이기 시작한다. 무작정 명상부터 시작하고 끌어당김의 법칙부터 시작해본다고 내가 원하는 목표를 이룰 수 있는 것이 아니다. 먼저 내가 원하는 것이 무엇인지를 알아야 한다. 그것을 설정한 이후에는 우주의 법칙들을 이용하면 된다. 설정하고 성취하는 과정을 도와주는 것이 TO-DO LIST 작성이다.

1년이 지나 새로운 다이어리로 교체해야 할 때 나는 1년간 작성했던 다이어리를 다시 한 번 읽어보는 시간을 가진다. 그때의 나는 이런 감사함을 느꼈구나, 이러한 목표를 가지고 있어서 이러한 일들을 매일 해내갔구나, 그래서 지금의 내가 있는 것이라고 느껴진다. 매일매일 어떤 마음이었을지, 현재의 내가 과거의 나의 마음을 다시 한 번 위로하고 응원해주는 시간이 되는 것이다.

나는 매년 다이어리 앞표지에 1년 안에 이룰 버킷리스트들을 적어둔다. 다이어리 교체 전 앞표지를 펼쳐본다. 정말 내가 써놓은 것들을 다 이루었다. 1년 전 버킷리스트를 작성할 때의 나에게는 너무나도 큰 목표와 꿈들이었다. 그런데 1년 동안 나는 매일 계획을 나누어 꾸준히 실행했고, 그 결과 그것들을 모두 이루었다. 그 기쁨과 뿌듯함은 1년 동안 감동으로 내 곁에 남아 있다. 그리고 다음 목표를 세우는 데 큰 힘이 된다. 올해도 해냈으니 내년에는 더 잘 해내리라는 자신감이 생기게 되는 것이다. 그래서 나의 목표와 꿈은 점점 커지게 된다. 올해도 큰 꿈을 이뤘으니 그보다 더 큰 꿈을 목표로 세우고 계획하게 되는 것이다.

요즘은 스마트폰 어플로도 TO-DO LIST를 쉽게 기록하고 지워나갈 수 있다. 처음 어플을 알게 되었을 때 편리해 보여 다이어리에서 어플로 바꿔 사용해보았다. 일주일 정도 사용했을 때 나는 다시 다이어리에 펜으로 쓰는 방법으로 돌아갔다. 매일 TO-DO LIST를 지우겠다는 마음으로 한 글자씩 써내려갔던 느낌과는 완전하게 달랐다. 손으로 쓰며 내 자신에게 꼭 해내자 약속했던 그 느낌이 없었다. 그래서 스마트폰 어플 대신 꼭 손으로 쓰기를 고집한다. 아마 두 가지를 모두 다 시도해보면 나에게 맞는 방법을 찾아나가게 될 것이다.

나는 올해부터 새로운 계획을 세웠다. 매일 한 해의 다이어리를 점검하고 새로운 다이어리로 교체하는 그날은 1년 동안 수고한 나를 위해 최고급 호텔에서 최고의 서비스를 받고 최고의 경치를 보며 새해 다이어리에 새로운 계획을 메모하는 특별한 날로 보낼 것이다. 그리고 나를 위해 최고급 샴페인으로 축배를 들 것이다. 생각만 해도 너무 근사한 날이다.

1년 중 그날만을 그리며 나는 오늘도 내가 써놓은 TO-DO LIST를 지워내려간다. 그것은 누구에게 보여줄 것도 아니고 오로지 나와의 약속이다. 나와의 약속을 지키기 위해 나는 오늘도 내가 해야 할 일들에 집중한다. 나와의 약속을 지키게 되면 나를 사랑하는 마음이 커지고 자존감이 점점 올라가게 된다.

성공자가 가져야 할 필수 요건인 자존감까지 향상된다면 이것을 안 할 이유가 없지 않은가?

오늘 당장 내가 해야 할 일이 무엇인지 먼저 써보자. 그리고 오늘 하루 그것을 지우기 위한 최선의 노력을 다하자. 그러면 어느새 당신의 꿈이 이루어져 있을 것이다.

04

에너지의
주파수를 높여주는
긍정 확언을 하라

매일 아침 나는 명상을 하고 큰소리로 긍정 확언을 한다. 이 모습은 가족들에게는 너무도 익숙한 모습이다. 처음 내가 확언을 시작했을 때 아빠는 "쟤는 왜 저런 허튼 소리를 해? 참 웃기지도 않는다."라고 말했고, 동생들은 "언니 또 시작이야?"라고 짧고 굵은 한마디씩을 남겼다. 우리 가족들에게 이런 나의 모습은 익숙하지만 절대로 이해되지 않는 행동들이었다. 단, 엄마만 제외하곤 말이다. 엄마는 언제나 나의 결정과 도전을 응원해주셨다. 그래서 내가 확언을 하기 시작했을 때 엄마도 함께 확언을 정해서 매일 아침 방에서 확언을 외치고 출근하였다. 엄마의 생각도 나와 같았다.

'자기 자신의 위치는 자신이 만드는 것이다.'라는 말을 엄마는 자주 해주셨다. '네가 너 자신을 어떻게 바라보느냐에 따라 네 위치가 결정돼. 그러니 너에게는 최고의 말을 해줘야 해.'라는 말을 자주 하셨다. 그래서 매일 아침 우리는 확언으로 하루를 시작했다. 기분 좋은 일이 있든 없든 우리의 매일 아침의 확언 외치기는 중단되는 법이 없었다. 혼자가 아닌 든든한 나의 엄마와 함께여서 더 행복한 시간이었다.

우리 우주에는 에너지가 존재한다. 앞서 여러 번 이야기했던 끌어당김의 법칙도 정말 간단히 말하자면 내가 가지고 있는 에너지와 비슷한 에너지가 끌려오는 것이다. 부정적인 생각으로 가득차 있으면 내 몸과 주위에는 부정적인 에너지들이 파장을 일으키고 그 결과 부정적인 에너지들이 나에게 가득 끌려오는 것이다. 내가 원하는 일과 반대의 일이 일어나는 경우들이 이와 같은 법칙 때문이다. 우리가 듣는 라디오도 정확한 주파수가 맞아야 원하는 채널을 들을 수 있듯이 우리도 우리와 맞는 주파수의 에너지들이 늘 끌려오고 있다.

그렇다면 에너지의 주파수를 올려줘야 높은 주파수에 있는 물질 에너지와 감사의 에너지들이 나에게 끌려올 수 있는 것이다. 그래서 내가 느끼는 하루 동안의 감정과 생각들을 계속 점검해봐야 한다. 기분 나쁜 일이 있어 나의 에너지의 주파수가 분노, 실망, 두려움의 낮은 주파수에 머무르게 되면 나에게 그 주파수와 동일한 분노, 실망, 두려움의 에너지가 끌려오게 된다고 생각하면 된다.

생각만 해도 너무 끔찍하지 않은가? 안 그래도 기분 나쁜 일이 있어 힘든데 더 추가로 그런 것들이 나에게 온다는 것은 생각만 해도 끔찍하다. 하지만 이것은 변하지 않는 진리이다.

우리는 한때 우리나라에 끌어당김의 법칙으로 큰 이슈가 되었던 『시크릿』이라는 책을 읽고 우리가 원하는 것을 생각하면 끌어당김의 법칙으로 그것이 우리에게 다가온다고 생각한다. 책을 잘 안 읽는 사람들도 그 책은 읽어보았다고 할 정도로 사람들에게 정말 신선한 내용으로 많은 인기를 얻었다. 나 또한 그 책을 수십 번 반복해서 읽을 정도로 끌어당김의 법칙에 푹 빠져 있었다.

'내가 원하는 것을 생각하고 그것이 이루어졌다고 생각하면 나의 소원을 끌어당겨준다.'라는 간단한 원리였다. 그런데 그 책에서 나온 경험담과는 달리 생각보다 많은 사람들이 "그거 잘 안 되던데? 나는 왜 끌어당김의 법칙이 안 통하는 거지?"라는 반응들이 많았다. 나 또한 책에서 나온대로 중요한 부분을 여러 번 밑줄을 쳐가며 실행에 옮기고 노력했는데 좀처럼 원하는 것들이 잘 끌려오지 않는 듯했다. 그때에는 무엇이 잘못

되었는지 모른 채로 나에게서 끌어당김의 법칙은 희미하게 사라져갔다.

'무엇이 문제였을까?'에 대한 해답은 내가 성공을 향해 공부하던 중 의식 확장에 관련된 책 속에서 답을 얻게 되었다. 생각보다 많은 시간이 흐른 후에 그 이유를 알게 되었다. 끌어당김의 법칙이 작용하기 위해서는 '나의 에너지가 그것과 동일한 주파수에 머물러 있어야 한다.'라는 것이었다. 나는 이전에 이것에 대해 전혀 알지 못했다.

그냥 원하는 것을 상상하기만 하면 끌려온다고만 생각했고, 하루 동안의 나의 에너지를 체크하며 그와 같은 에너지에 머물러 있으려는 생각조차 하지 못했다. 다른 사람들도 이 방법을 알지 못했기에 원하는 것이 이루어지지 않았을 것이라고 생각한다. 상상만하면 이루어진다고 생각해 가만히 앉아 상상만 할 뿐 자신의 현재 감정 상태와 생각들을 체크하는 않았던 것이다.

예를 들어 부자가 되어 100평대의 집에 사는 것을 매일 상상하며 그것이 나에게 끌려오기를 바라면서도 사람들은 눈앞의 현실의 문제에 빠져 하루 종일 기분이 좋지 않거나 우울한 상태로 머무르고 있는 것을 알아차리지 못하는 것이다. 나는 이 사실을 알게 된 이후 나의 에너지의 주파수를 높이는 방법과 끌어당김의 법칙을 함께 사용하였다. 그러자 바로 다음 날 내가 원하는 일들이 일어나는 경우도 있었고, 가지고 싶은 물건을 선물로 받게 되는 정말 기적과 같은 일들이 많이 일어났다. 정말 그 당시의 기분은 말로 표현할 수가 없다. 마치 나를 위해 짜여진 대본처럼 모든 것이 딱딱 맞아 떨어지는 기분이 들었다.

여러분도 기적과 같은 일을 겪어보고 싶은가? 그렇다면 내가 매일 하고 있는 것들을 함께 실천해보자. 그러면 당신도 곧 기적과 같은 일을 만날 수 있다. 만약 의심을 가지고 실천해보겠다면 시작하지 않는 게 좋다. 우주의 법칙에서는 내가 그것을 이룰 것이라는 확신에 있을 때만 그 법칙들이 작용하기 때문이다. 그러니 의심 속에서 시작한다면 효과가 전혀 없을 것이다. 모든 것의 시작은 나를 믿고 내가 하는 것들에 대한 완전한 확신 속에서 시작해야 한다.

아직 나에 대한 믿음과 확신이 없다면 이 단계부터 시작할 것이 아니라 내가 누구이며 무엇을 원하는 사람인지 명상을 통해 나를 알아가는 시간부터 가지고 오길 바란다. 자, 시작할 준비가 되었다면 여기 추천하는 긍정 확언들이 있다. 이것을 매일 나에게 말해주길 바란다.

나는 모든 것이 가능하다.
나는 모든 것이 풍요롭다.

나는 항상 완벽한 타이밍과 기회를 만난다.

나는 항상 운이 좋다.

나는 돈을 끌어당기는 자석이다.

나는 행복한 부자다.

나는 점점 더 매력적인 사람이 되고 있다.

나는 무엇을 하든 잘한다.

나는 날마다 성장하고 번영하고 있다.

오늘은 나에게 기적과 같은 일이 일어난다.

이것을 여러 번 반복해서 읽어보고, 이것들 중 가장 마음에 드는 확언들을 따로 다이어리에 메모해보자. 그리고 당신이 적은 확언들을 매일 명상이 끝나기 전 10번씩 반복하여 외치는 것이다. 밝고 큰 소리로 외치는 것이다. 10번, 20번, 30번을 외치고 나면 나의 기분이 너무 좋아짐을 느끼게 될 것이다. 나의 기분이 좋다는 것은 나의 에너지의 주파수가 올라가 있다는 것이다. 그러면 내가 원하는 것들이 나에게 끌려오는 것이다.

내가 명상이 끝나기 전에 확언을 하는 이유는 단 하나다. 머리와 마음이 비워진 상태에서 나의 잠재의식에 긍정 확언을 심어주고 나면 에너지의 주파수가 올라가 있음이 너무 잘 느껴지기 때문이다. 확언이 끝나고 나면 바로 명상에서 깨지 않는다. 눈을 감고 나의 에너지 파장을 느껴본다. 때론 에너지의 색깔이 보이기도 하고, 에너지의 진동이 느껴지기도 한다. 아무런 반응이 없다고 해도 괜찮다. 매일 연습을 하다 보면 자연스럽게 느껴지게 될 것이다.

　매일 아침 시간이 없어 명상을 하지 못한다면 긍정 확언은 꼭 하길 바란다. 긍정 확언을 하고 하루를 시작하는 것과 하지 않고 시작하는 것은 하루 동안 나의 에너지를 결정하는 기준이 된다. 아침에 나에게 높은 에너지의 주파수에 머무를 수 있도록 긍정 확언을 해주자. 그러면 그에 걸맞는 일들이 나에게 끌려올 것이다. 이것이 진정한 끌어당김의 법칙인 것이다.

05

중요한 일은
아침에
끝낸다

나는 아침 시간을 가장 중요하게 생각한다. 아침을 어떻게 보내느냐에 따라 하루의 에너지가 결정되는 것을 잘 알고 있기 때문이다. 내가 아침 시간을 소중히 생각하고 난 이후부터 꼭 지키는 것 중 하나는 일어나자마자 핸드폰을 보지 않는 것이다. 물론 알람을 설정해두게 되면 폰을 만지게 되겠지만 딱 거기서 끝이다. 더 이상 메시지를 확인하거나, SNS 속으로 들어가거나 뉴스를 검색하지 않는다. 명상을 하고 필사를 하고 하루 TO-DO LIST를 쓰고 감사일기를 쓰기 전까지는 절대 핸드폰을 보지 않는다. 내가 아침 시간에 핸드폰을 거의 보지 않는 데는 아주 중요한 이유가 있다.

나의 머리와 마음을 비우고 새로운 에너지로 채워 넣는 아침 루틴 하기는 나에게 매우 중요하다. 그런데 그 전에 핸드폰으로 다른 사람의 사생활을 들여다보거나 부정적인 뉴스 기사를 보게 되면 다음 루틴을 하는 데에 집중도가 떨어진다. 예를 들면 당신이 부정적인 기사를 보게 되었다고 해보자. 그것이 나와 연관이 있는 기사라면 명상을 하는 동안 그 생각은 내 곁을 떠나지 않을 것이다. 긍정 확언을 하는 동안 입은 확언을 외치고 있지만 나의 머릿속에는 온통 그 기사 생각뿐일 것이다. 필사를 하는 동안에도 감사일기를 쓰는 동안에도 그 생각은 머릿속에 가득 차 있을 것이다.

그러한 상태에서 나의 머리와 마음속에 희망과 긍정의 에너지가 들어갈 수 있을까? 아니다. 당신은 오늘 아침 루틴을 하며 그 기사와 관련된 부정적인 에너지와 걱정의 에너지만 가득 채워넣은 것과 다름이 없다. 생각만 해도 끔찍하지 않은가?

예전의 나도 그런 시행착오를 여러 번 겪었다. 여느 때처럼 일어나자마자 핸드폰을 보게 되었는데 나와 함께 일하는 사람에게 긴 장문의 메시지가 와 있었다. 아침 루틴을 하고 나서 볼까 하다 너무 궁금해 메시지를 열었다. 열자마자 나의 머릿속은 복잡해지고 나의 감정은 복잡해졌다. 긍정적인 메시지가 아니었다.

앞으로의 일들과 내가 어떤 말로 답장을 해야 할지를 고민하느라 아침 루틴을 할 마음과 정신적 여유를 가지지 못했다. 내 머릿속엔 온통 그 생각뿐이었다. 이것이 해결되기 전까지 다른 것들이 내 머릿속에 들어올 자리가 없었다. 그리고는 이것도 저것도 집중하지 못하는 내 모습을 발견하게 된 것이다.

지금 당장 그것을 해결하지 않아도 되었다. 하지만 그 메시지를 보는 순간 나의 감정은 흔들리기 시작했고 지금 당장 답장을 하지 않으면 큰일이 날 것 같은 생각이 나를 그곳에서 꼼짝달싹 못 하게 했다. 그리고 결국 고민만 하다 나의 소중한 오전 시간을 다 날려버리게 되었다. 오후까지도 찝찝한 마음이 이어져갔고 생각의 꼬리를 물고 머리는 더 복잡해갔다. 그날 하루를 아침에 본 메시지 탓에 다 망쳐버린 것이었다. 그 이후 그 일은 단 5분만에 해결될 만큼 간단히 해결되었다. 그런데 나는 아침에 본 메시지 덕분에 소중한 나의 하루를 통째로 날린 것이다. 그 생각에 휘둘린 내가 너무 한심하고 바보 같았다. 그래서 그 이후부터는 절대 아침에 메시지를 열어보지 않는다. 네이버 뉴스 기사, SNS 등도 마찬가지이다. 기분을 복잡하게 하거나 망칠 것 같은 그 어떠한 것들도 아침 시간에는 절대 머릿속에 들어오지 않게 하려고 노력한다.

나의 아침 모닝 루틴을 다 진행하고 나면 오후가 되기까지 약 3시간의 시간이 생긴다. 그때에 오늘 내가 해야 할 일 중 가장 중요한 일들을 처리한다. 그 일을 할때는 이미 나의 머리와 마음속을 긍정 에너지로 가득 채운 상태이다. 즉, 높은 주파수에 머물러 있을 때이다. 나는 그때 가장 중요한 일을 처리한다. 중요한 결정을 해야 하거나 에너지가 많이 소비되는 일들은 아침에 처리하려고 한다. 높은 주파수에 있을 때는 나의 직관력이 발달하게 되어 중요한 결정을 해야 할 때 실수를 하지 않도록 도와주고, 머리를 많이 써서 해결해야 하는 일들을 할 땐 좋은 아이디어가 많이 떠올라 생각보다 더 쉽게 일을 처리할 수 있기 때문이다.

물론 나도 처음부터 이 모든 것들을 깨달은 것은 아니었다. 앞에 말했듯 여러 경험들을 통해 시행착오를 겪으며 깨달은 것이다. 그래서 당신하게 강력하게 말하는 것이다. 나처럼 시행착오 없이 조금이나마 더 빨리 당신이 원하는 것을 얻었으면 한다.

대부분의 사람들은 아침 시간에 쫓겨 오후 시간에 중요한 일들을 처리할 것이다. 그렇게 하다 보니 오후에 생긴 여러 가지 일들 때문에 정작 가장 중요한 일이 계속 뒤로 밀리게 되는 경우들이 많이 있다. 여러분의 오후는 어떠한가? 아침보다 평화로운가? 아침의 새로운 기운의 아직도 남아 있는가? 나의 오후는 여러 아이들을 가르치고 케어하느라 늘 집중해야 하기에 오후에서 저녁으로 넘어갈 때쯤이면 체력은 모두 바닥이 나고 만다. 그래서 나는 오후에 중요한 일들을 처리할 에너지가 없다. 그때에 중요한 일을 처리한다면 아마 급하게 일을 처리하느라 잘못된 결정을 하게 될 수 있고, 집중하지 못해 실수를 할 수 있을 것이다. 아마 나 뿐만 아니라 여러분의 오후도 비슷할 것이라 생각된다.

아침에 급하게 준비해서 나와 출근을 하고, 정신을 차리고 회의에 다녀오고 나니 점심 시간이 된다. 그리고 맡은 업무들을 집중하다 보면 곧 퇴근 시간이 되는 것이다. 퇴근 시에 우리의 몸의 에너지는 모두 소진되고 만다. 얼른 집에 가서 눕고 싶은 마음뿐일 것이다. 그런 상태에서 어떻게 중요한 일을 처리할 생각과 마음이 들겠는가? "그냥 내일 하지 뭐."라는 말만 나올 뿐이다. 이렇게 하나둘씩 중요한 일들이 나의 우선순위에서 밀리게 되는 것이다. 미루고 미루다 드디어 그것을 마무리해야 하는 날이 오면 허겁지겁 일을 처리하게 되면서 많은 실수들을 하거나 좋은 기회들을 놓치게 된다.

나는 이런 경험들이 너무 많았다. 늘 중요한 일을 미루다가 중요한 일을 미룬 것에 대한 합리화를 하는 것으로 하루를 마무리했다.

"오늘 너무 바빠서 그것을 생각할 겨를조차 없었어."
"오늘 너무 정신이 없어서 잊어버렸어."

조금만 일찍 처리했으면 몇 배의 돈을 더 지불하지 않아도 되는 일들도 있었고, 더 저렴하게 일을 진행할 수도 있었다. 이 모든 것들이 내가 아침의 가장 좋은 에너지 상태일 때 일을 처리하지 않아 생긴 문제들이었다. 여러 번 실수를 경험하고 뼈저린 후회를 하고 나서야 중요한 일은 꼭 아침 시간에 처리해야 한다는 것을 깨닫게 되었다.

그리고 몇 년 동안 나는 아침시간에 가장 중요한 일과 중요한 결정들을 하고 있다. 확실히 이전보다 일을 처리하는 속도와 정확도가 늘었고, 더 많은 아이디어들로 인해 나의 목표는 점점 더 커져간다. 자신의 꿈과 목표를 이루고자 노력하는 사람이라면 반드시 이것을 실천해보길 바란다. 당신이 목표를 이루는 과정에서 헤쳐나가야 할 일들이 많이 있다. 그럴 땐 그 누구의 의견보다도 나의 직관을 믿고 나아가야 한다.

나의 직관이 가장 발달된 시간이 언제인가?

명상과 확언으로 긍정 에너지를 가득 채운 아침이다. 아침 시간에 중요한 일을 하는 것만으로도 당신의 오후가 많이 홀가분해질 것이다. 그리고 오후에 내가 해야 할 업무에 더 집중할 수 있게 될 것이다. 우리가 중요한 일을 미뤄두고 있으면 뭔가 계속 찝찝한 마음이 든다. 하지만 중요한 일을 끝내면 어떠한가? 마음이 홀가분하고 기분이 날아갈 것 같다.

아침에 중요한 일을 끝내두고 오후에는 홀가분하고 날아갈 것 같은 기분으로 높은 주파수의 에너지 속에 머물며 더 좋은 것들을 끌어당기면 된다. 일석이조 아닌가? 나는 이것을 깨닫고 난 이후부터 매일이 즐겁고 날아갈 것 같은 기분으로 하루를 보낸다. 그러니 나쁜 일이 생길 수가 없다. 그래서 매일매일 나는 성장하고 성공하는 것이다.

06

나는 운이 좋다,
하루 100번
말하라

'나는 운이 좋다.' 내가 가장 좋아하는 말이다.

성공에 대해 공부하며 약 30번을 넘게 읽어 너덜너덜해진 책이 있다. 바로 사이토 히토리의 『부자의 운』이라는 책이다.

"운이 좋은 사람이 되고 싶다고요? 방법은 무척 간단합니다. 그저 '운이 좋다. 운이 좋다.'라고 말하면 됩니다. 운이 나쁜 사람이란 '스스로를 운이 나쁜 사람이라고 생각하는 사람'일 뿐입니다. 운이 좋은 사람과 운이 나쁜 사람 구분은 이처럼 사소한 차이에서 비롯됩니다."

그 책에서는 운이 좋아지는 방법에 대해 이렇게 말한다.

"운이 좋다고 말하는 사람이 진짜 운이 좋은 사람이다."

나는 이 책을 30번 넘게 읽으며 이 말을 머리와 마음속 깊은 곳까지 새겼다. 누구보다 운이 없는 사람이라고 생각했고, 늘 하늘을 원망했기에 깊에 박혀 있는 고정 관념과 같은 것을 없애버리고 싶었다. 그래서 더 간절하게 그 말을 새겨넣었다. 그리고 이 책을 읽은 이후부터 매일 "나는 운이 좋다."를 입버릇처럼 말했다.

집에서 출근을 하며 걸어가는 동안에도 나는 아주 작은 목소리로 "나는 운이 좋다."를 반복하여 말하며 걸어갔다. 일상생활 틈틈이 시간이 날 때마다 그 말을 반복했다.

한 달쯤 지났을까? 매일 똑같이 출근길을 걸어가는데 무의식적으로 "나는 운이 좋다."를 반복하고 있는 나를 발견했다. 그때 나는 너무 기뻐 눈물이 났다. 드디어 나의 무의식 속에 이 말이 새겨졌다고 생각하니 감동의 눈물이 흘렀다. 나는 이제 운이 좋은 사람이라고 스스로가 생각하게 되었으니 앞으로 정말 운 좋은 일들만 일어날 것이라는 기대감에 가득차 있었다.

중간중간 기분이 상할 만한 일이 일어났을때에도 "나는 운이 좋다."를 반복했다. 그 말을 하고 나면 기분이 상했다가도 기분이 좋아지는 것을 경험했다. 누구보다 좋은 운을 가지고 싶었기에 간절했다. 이제까지 운을 탓하며 세상 불운은 내가 다 가졌다고 생각하고 살아왔으니 좋은 운을 가지는 게 소원이었다. 그런데 이렇게만 하면 정말 운이 좋아진다고 하니 간절한 나에게는 이것을 실천하는 방법밖엔 없었다.

운이 좋다고 말하니 정말 운 좋은 일이 일어날 것 같았다. 내 마음을 달리 먹어서인지 나는 절대 당첨이 안 된다고 생각했던 응모함에 응모권을 넣어보기도 하고, 이벤트를 진행하면 신청해보기도 했다. 내가 운이 좋다라고 생각하니 적극적으로 나의 운을 믿고 도전하게 되었다. 정말 신기하게도 나에게는 운이 따라왔다. 이전의 나는 남들은 한 번씩 다 걸릴 것 같은 동네 마트의 이벤트들에서도 그 작은 휴지 하나도 걸린 적이 없었다.

그런데 이게 웬일인가? 인터넷에서 내가 사고 싶었던 미용기기를 출시하며 이벤트를 진행하는 것을 발견하고 자신 있게 이벤트에 응모했다. 며칠 뒤 해당 업체의 사이트의 이벤트 발표일이 되었고 사이트에 접속한 순간 너무 놀라 소리를 질렀다. 이벤트 당첨자의 명단엔 나의 이름이 있었다. 50만 원이 넘는 미용기기라 구매를 망설이던 찰나에 이벤트를 보게 되었고 응모했는데 당첨이라니 정말 세상에 있는 모든 좋은 운은 나에게 다 온 것 같았다.

그리고 며칠 동안 나에게 기적과 같은 일들이 연달아 일어났다. 잊고 있었던 돈이 환급되어 들어오기도 하고, 그동안 기획했던 미국 회사들과 내가 원하는 조건으로 계약을 하기도 했다. 정말 세상의 모든 좋은 운은 나에게 다 온 듯했다. 이 운은 몇 년째 이어져 오고 있다. 내가 운이 좋다라고 생각하니 가끔 힘든 일이 찾아와도 '곧 더 좋은 일이 생길려고 이러나 보다.' 하고 좋은 방향으로 생각하게 되었다. 그러니 힘든 일도 전혀 힘들지 않게 지나가버렸다.

주변의 사람들에게 운에 관련해서 이야기를 꺼내면 "너는 늘 운이 좋으니까 그렇게 쉽게 말하지."라고 말하며 나의 이야기를 남의 이야기처럼 듣거나 흘려버리는 경우가 많다. 내가 늘 운이 좋게 따라줘서 남들에게 이렇게 말해보라고 하는 게 아니라 '운이 좋다' 하고 말을 했기 때문에 운이 좋아졌음을 많은 이들에게 알려주고 싶은 것이다. 그런데 대부분의 사람들은 그 사실을 부정하고 나의 이야기를 반박하려 든다.

"너는 사업이 잘되니까 그렇게 긍정적인 말을 할 수 있지."
"너는 여유가 있으니까 남들에게 그런 말을 할 수 있지."

사람들에게 내가 경험하고 느낀 것들을 알려주려 하는 이유는 단 하나이다. 나의 사업이 정말 힘들고, 밥을 사먹을 여유조차 없을 때 나는 명상과 감사일기를 쓰고, 자기계발 서적을 읽고 필사를 하며 '나는 운이 좋다'라는 말을 빼먹지 않았다. 내가 상황이 좋아서가 아니라 상황이 안 좋았을 때 이렇게 행동했기 때문에 현재의 내가 된 것이다. 그런데 사람들은 현재의 모습만 보고 지금 여유로우니 할 수 있는 소리라고 단정지어 버린다. 자신과는 전혀 상관없다고 생각하면서 말이다.

그런 사람들을 보면 이전의 내가 생각나서 더더욱 알려주고 싶다. 나랑은 상관없는 배부른소리라고 생각했던 가난한 마인드의 내 모습이 생각 나기 때문이다. "저 사람은 부자라서 회사도 차리고 자기 사업도 하지, 우리 같은 사람은 꿈도 못 꿔."라며 가난한 마인드로 살아가는 사람들이 많이 있다. 저 사람이 부자라서 회사를 차린 게 아니라 회사를 차려서 사업을 잘 운영해왔기에 부자가 된 것이다. 이 간단한 이치를 나도 이전에는 깨닫지 못했다. 나랑은 전혀 상관없는 일이라고 생각하며 그 간단한 이치를 깨닫지 못해 헤매었던 시간이 있었다. 그래서 더욱더 앞장서서 내가 깨달은 바를 알리기 위해서 노력할 것이다.

내가 운이 따라주어 법인 회사를 차리고 학원을 확장 이전할 때 나는 역학적으로는 죽을 만큼 힘든 운세를 가지고 있었다. 나는 나의 부모님을 따라 1년에 한 번은 나의 운세를 보러 갔었다. 그 당시 나는 몇 년 동안 너무 좋지 않은 운세 속에 있어 죽을 만큼 힘들 것이라고 했다. 그런데 나는 그 당시 우주의 법칙과 잠재의식에 대해 공부하고 있었다.

그래서 그 말을 듣고 온 날 나의 운세는 내가 결정할 수 있다는 생각이 들었고 그것과는 상관없이 나는 내가 운을 좋게 만들 수 있다고 확신했다. 그리고 내가 매일 하는 모닝 루틴에 이어 입 밖으로 "나는 운이 좋다."라는 말을 매일 100번씩 외쳤다. 내가 좋지 않은 운을 좋게 하는 것은 이 방법밖에 없으니 고민할 것이 없었다. 그 결과 죽을 만큼 힘든 일을 겪는 대신 기적이라 불릴 만큼의 많은 것들을 이뤄냈다.

사람에게는 사주팔자와 타고난 운이라는 것이 있다고 한다. 나 또한 그것을 부정하진 않는다. 하지만 나는 내 운명은 내가 개척할 수 있다고 분명하게 생각한다.

운이 따라주어야 성공으로 빨리 갈 수 있는 것도 맞다. 그런데 그 운은 내가 만들 수도 있고 없앨 수도 있는 것이다. 모든 것은 나에게 달렸다는 것을 나는 이제 알고 있다. 그래서 나는 자신있게 이야기한다. 운이 있는 사람만 부러워하며 세상을 원망하지 말고 자신도 운이 있는 사람이 되어보라고 이야기해주고 싶다.

왜 다른 사람만 좋은 운을 가져야 하는가? 나도 좋은 운을 가질 자격이 있는 사람이다. 그러니 이제 세상에 불평 불만은 접어두고 나는 세상의 모든 좋은 운을 가지고 있는 사람이라고 확신해라. 그러고 나서 습관처럼 외쳐라. "나는 운이 좋다."라고.

07

부정적인 일은
아침이 아닌
오후에 해결한다

세상을 살아가다 보면 좋은 일보다 나쁜 일들이 더 많이 일어난다고 느낄 때가 있다. 그것도 유독 나만 따라다니는 것 같은 느낌, 세상 참 불공평하게 느껴질 때가 있을 것이다.

부자들이라고 해서 매일 좋은 일만 있는 것은 아니다. 큰 사업체를 운영할수록, 관리해야 할 직원들이 많을수록 문제들은 더 많이 발생하게 된다. 그 속에서 단단하고 굳건하게 자신을 지켜나갈 수 있는 것은 철저하게 자신의 마음과 의식을 관리하기 때문이라고 생각한다. 자신을 관리하지 못하면 자신이 가지고 있는 것들을 놓칠 수밖에 없다. 그래서 자기 관리가 중요한 것이라고 생각한다. 우리는 보통 자기 관리라고 생각하는 것들이 남에게 보여지는 외적인 것만 있다고 알고 있다. 하지만 그보다 더 중요한 것은 자신의 내면과 의식을 관리하는 일이다. 외적인 것을 관리하기도 어려운데 내면은 또 어떻게 관리해야 하냐고 소리칠지도 모른다. 맞다. 특히 여성이라면 소리를 쳐도 좋다. 얼마나 많은 것들을 관리해야 하는지 그것만으로도 벅차다고 이야기할 수 있다. 나도 여자이기 때문에 충분히 이해한다. 하지만 자신의 꿈을 이루기 위해서는 두 가지 모두 관리할 수 있어야 한다.

내가 가장 중요하게 생각하는 것 중 하나는 하루 동안 나의 감정을 관리하는 것이다. 나는 내가 지금 어떤 감정 상태에 있는지 계속 체크하며 할 일을 해나간다. 지금 기분이 나쁜지, 좋은지를 체크한다. 만약 기분이 나쁘다고 알아채면 그 이후부터는 내가 가장 기분 좋아지는 행동을 해서라도 기분을 변화시키려고 노력한다.

나는 예쁜 소품들을 좋아한다. 노트북 케이스, 카드지갑, 펜케이스 등등 색감이 예쁘고 가죽으로 만들어진 것들을 보면 기분이 좋아진다. 예쁜 소품들 속에서 일하고 있다고 생각하면 왠지 좋은 아이디어가 생길 것 같고 일을 할 맛이 난다고 느껴진다. 그래서 곧바로 예쁜 소품을 구경하러 가거나 구매하러 간다. 시간이 안 될 때는 온라인으로 아이쇼핑을 하기도 한다. 구경을 하거나 구매를 하고 나면 언제 그랬냐는 듯 금세 기분이 좋아진다. 예쁜 색감들을 보고 있는 것만으로도 행복해진다.

당신도 어떠한 행동을 했을 때 기분이 좋아질 때가 있는가? 그렇다면 당신의 감정이 부정 속으로 빠지려 할 때 구해주자. 그리고 가장 기분이 좋아지는 행동을 하며 부정적인 생각을 긍정으로 바꿀 수 있도록 해보자.

나는 대부분의 중요한 일은 아침에 모두 마무리한다. 하지만 이것만큼은 꼭 오후에 처리하려고 하는 것이 있다. 바로 부정적인 일들이다. 나의 감정의 변화가 클 수 있거나 사람과의 대화가 필요한 것들은 대부분 오후에 처리를 하려고 한다. 나에게 아침 시간은 나의 꿈을 위해 달리는 시간이다. 그렇기 때문에 최고로 긍정적인 것만 가득 채우고 싶다. 부정적인 것을 피할 순 없지만 내 꿈의 시간을 방해받고 싶지 않아서이다. 나 또한 회사를 운영하고 있기에 여러 가지 일들이 많이 일어난다. 그것을 아침에 처리했을 때 나에게 얼마나 큰 피해가 되는지를 겪어본 이후로는 절대로 아침에 감정적인 일을 진행하지 않게 되었다.

예를 들어 당신이 회사 상사에게 아침부터 업무에 관련하여 잔소리를 들었다고 생각해보자.

하루 종일 퇴사하고 싶은 마음에 사로잡혀 아무일도 손에 잡히지 않을 것이다. 화가 나고 당장이라도 사표를 던지고 싶은 마음만 가득할 것이다. 그 아침 잔소리 하나 때문에 회사는 귀중한 인재를 잃을 수도 있다. 그만큼 아침 시간은 누구에게나 중요한 시간이다. 그러니 다른 사람의 소중한 아침 시간을 빼앗아갈 수 없도록 내가 나의 아침 시간을 지켜야 한다. 부정적인 일은 아침이 아니라도 오후에 처리할 수 있다. 그 일 때문에 나의 아침 시간 혹은 나의 하루를 망칠 수 있다. 그러니 당신도 당신의 소중한 아침 시간을 지켜내길 바란다.

"아빠, 아침부터 그런 얘긴 하지 말자."

내 사업이 힘들 때 집에서는 매일 그만두라는 이야기로 아침을 시작했다. '이건 어떻게 해결할 거냐, 더 이상은 못 도와준다.' 이런 이야기들로 시작되다 보니 나의 아침 시간은 희망보다는 절망이 가득한 시간이 되어버렸다.

그 전날까지만 해도 이걸 그만 둘까 말까를 수만 번 고민하다 다시 한 번 용기를 내서 '다시 한 번 더 해보자.'라는 굳은 결심을 한 번 더 하고 잠에 들었다. 그런데 그 결심이 다음 날 아침이 되면 매번 무너졌다. 부정적인 말들로 시작하는 아침 때문이었다. 몇 년 동안이나 이것을 반복했다. 그러다 보니 아침 출근길엔 항상 눈물이 뒤따랐다. 모든 게 서러웠다. 나만 잘되자고 이러는 게 아닌데 가족들이 내 마음을 몰라주는 것 같아서 너무 속상했다.

그런 나를 뒤에서 위로해준 건 엄마였다. 엄마는 늘 뒤따라 나와 "가람아, 오늘도 파이팅."이라고 이야기해주며 나를 달래주었다. 이 말 한마디가 나에게 얼마나 힘이 되어주었는지 모른다. 모두가 안 된다고 할 때 나를 믿어주는 그 한마디가 현재의 나를 이 위치에 있게 만들어주었다. 그때에 나는 한 번 더 깨달았다. 긍정적인 말과 부정적인 말의 힘에 대해서 말이다. "말 한마디로 천냥 빚을 갚는다."라는 속담이 있다. 우리 조상들의 지혜에 나는 감탄할 뿐이다. 정말 맞는 말이다. 말 한마디에 사람 목숨이 왔다 갔다 할 수도 있다.

당신 주변에도 당신의 꿈을 갉아먹는 일명 '드림킬러'들이 있는가? 그렇다면 당장 그들이 하는 말을 절대적으로 멀리하라. 그것이 나의 가족들일 수도 있고 가장 친한 친구일 수도 있다. 나와 가장 가까운 사람들이기에 나를 과소평가하고 걱정을 하며 그런 말들을 할 수 있다. 그들을 피하라는 것이 아니다. 그들의 말에 자극받지 말고 상처받지 말라는 뜻이다. 그들이 어떠한 부정적인 말을 하든 내 감정속에 그것을 끌어넣지 말라는 말이다. 그들의 부정적인 말을 들을 자신이 없다면 멀리해도 좋다.

나는 그들이 가족이었기에 멀리할 수 없었다. 그래서 매일 아침 부정적인 이야기를 들으면서 결심한 것이 있다. 가족들이 어떠한 소리를 해도 나는 듣지 않을 것이며, 어떠한 감정도 내 마음속에 넣지 않겠다는 것이다.

그 결심을 한 뒤로는 부정적인 말들이 더이상 들리지 않았다. 오히려 내 소신을 더 확실하게 밝힐 수 있었다. 그 뒤에 따라오는 부정적인 말들은 내 감정에 전혀 들어오지 못했다. 매일 굳게 결심한 것들이 두텁게 쌓이다 보니 부정적인 감정은 나에게 침입하지 못했다. 그렇게 몇 년을 나를 지키면서 살아오려 노력했다. 나의 여러 경험들처럼 당신은 절대 이만큼 고통스럽지 않았으면 좋겠다. 나처럼 여러 과정들을 겪지 말고, 지금부터라도 결심하길 바란다. 부정적인 감정이 들어가야 하는 일들은 모두 오후에 처리하겠다고!

아침 시간에 부정적인 일을 꼭 처리해야만 한다면 그 감정을 내 마음속에 넣지 않겠다고 다짐해야 한다. 그래야 나를 지킬 수 있다. 나 자신은 내가 지켜야 한다. 세상 누구도 나를 지켜줄 수 없다. 부자가 되면 나를 지켜줄 것 같은가? 아니다. 부자가 될수록 지켜야 할 것들이 많아진다. 당신도 곧 꿈을 이루고 부자가 될 것이다. 그러니 지금부터 나 자신을 지키는 연습부터 하길 바란다.

08

나에게
동기부여를 주는
책을 읽는다

나의 서재방에는 책들이 벽면을 가득 채우고 있다. 몇 년 동안 내가 관심 있는 분야에 따라 다양한 책들이 있다. 책장을 보면 내가 어떠한 생각들로 살아가고 있는지가 명확히 보인다. 그 당시 어떤 것에 집중했는지도 알 수 있다. 요즘 나의 책장 한 켠에는 마음공부와 명상, 의식 확장과 부에 대한 책들로 가득하다. 현재 내가 가장 관심을 많이 두고 있는 분야이기 때문이다.

책 읽기를 너무 싫어하는 내가 인생의 해답을 찾기 위해 서점에 갔을 때 구입했던 책들은 모두 실패를 딛고 일어난 사람들의 성공담이 담긴 책들이었다. 그 책을 읽으면서 그들이 이러한 실패를 했고 지금은 그것을 견디고 일어나 성공을 했음을 나도 함께 경험한 듯했다.

그 책을 읽고 나면 나도 무엇이든 해서 성공할 것만 같은 희망이 생겨났다. 그래서 나는 자기계발 서적에 신간이 나오면 모두 구매해서 읽었다. 한 권씩 읽을수록 나에게는 '나도 할 수 있다.'라는 희망이 샘솟았다. 책들 속에는 정말 다양한 직업군의 경험담이 있었다.

내가 태어나서 이 모든 직업을 다 경험해볼 수 없는데, 책을 통해 미리 다양한 직업군들의 특장점들을 읽어보고 나니 어떠한 직업을 가지고 살아가야 할지 인생의 방향들이 보이기 시작했다. 그리고 그들이 준비한 대로 나도 하나씩 준비할 수 있었다.

그때부터 나에게 책은 보물과 같은 것이었다. 어떠한 문제가 생기면 책에서 답을 찾아갔다. 어느 날 나에게 문제가 생기면 신기하게도 그 많은 책들 중 내가 집어든 책에서 해답을 찾을 수 있었다. 정말 감사한 일이었다. 나는 그런 경험들을 현재까지도 계속하고 있다.

서점에 가면 다양한 분야의 책들이 있다. 책 읽기를 좋아하는 사람이라는 다양한 분야의 책들을 여러 번 읽어보았을 것이다. 나는 아직까지

소설을 읽어본 적이 없다. 성공을 바라보며 달려오다 보니 그와 관련된 책들만 읽게 되고 관심이 갔다. 관련된 책들을 읽다 보면 어느 순간 모두 다 같은 이야기를 하고 있는 것처럼 보일 때가 있다. 공통적으로 '이런 것들을 해서 성공했다.'라는 법칙들이 있는 것이다.

내가 책을 읽으며 밑줄 친 부분들을 취합해서 보면 성공의 법칙은 정말 정해져 있다. 일반 사람들이 하지 않는 것들을 하기 때문에 성공한 것이다. 나는 그 법칙들을 하나씩 메모하며 내 삶에서 당장 시작할 수 있는 것들부터 실행에 옮겼다. '성공한 사람들의 비법을 정리했으니 따라 하기만 하면 성공한다.'라는 확신이 있었다. 내가 이 많은 사람들을 만나야 한다면 과연 가능하겠는가? 그런데 책 한 권으로 내 인생을 바꿀 수 있다니 너무 놀랍고 감사했다.

요즘은 오디오북이나 유튜브에서도 동기 부여가 될 수 있는 좋은 책들을 많이 소개하고 있다. 나 또한 수년간 읽어온 동기 부여가 되는 책들을 공유하고 있다. 나의 네이버 카페와 유튜브에서 안내하고 있으니 방문해서 꼭 추천 도서를 안내받길 바란다. 내가 추천하는 도서는 요즘 신간 도서가 아니라 대부분 오래전에 출간된 책들이다. 지금은 절판된 책들도 많이 있다. 하지만 그 내용들을 잘 정리해두었기에 당신에게 도움이 될 수 있는 것들을 안내해줄 수 있다.

당신의 고민이 무엇인지 나에게 메일을 보내거나 카페에 포스팅을 해서 문의해도 좋다. 그러면 당신의 상황에 꼭 맞는 해답이 들어 있는 도서를 추천해줄 수 있다. 너무 좋은 기회이지 않은가? 망설이면 놓치는 것이다. 지금 당장 연락할 마음이 있다면 연락하길 바란다. 내가 도움을 줄 수 있는 한 최대한으로 당신을 돕겠다. 나의 인생의 답을 여러 작가님들을 통해 찾았듯이 당신에게도 내가 주는 해답이 도움이 되기를 바란다.

동기 부여가 되는 책들은 현재 자신이 처해 있는 상황과 자신의 꿈에 따라 달라질 수 있다. 그 책 한 구절로 나의 인생을 바꿀 만한 결심을 할 수도 있다. 그만큼 꿈을 이루어가는 데 있어 책의 역할은 중요하다. 당신이 여태까지 책 읽기를 좋아하지 않는 사람이었다면 꿈을 이루기 위해서는 책 읽기에 조금 더 관심을 가져보길 바란다.

나는 매주 주말 중 하루는 무조건 서점에 간다. 나의 책 사랑에 대해서는 주변 지인들이 가장 잘 알고 있다. 나에게 주말에 연락을 하면 나는 항상 서점에 있기 때문에 지인들이 나를 만나러 서점으로 온다. 나는 서점의 책 냄새가 너무 좋다. 그냥 가만히 앉아서 빼곡이 진열된 책을 보고만 있어도 에너지가 채워지는 것 같은 느낌이 든다. 서점에 1시간 이상은 머무르며 새로 나온 시간들도 살펴보고 추천받은 책들을 읽어본다. 그리고 꼭 소장하고 싶은 책은 구매를 한다.

다른 쇼핑보다 책을 쇼핑할 때 가장 풍요롭다. 오늘도 또 한 권의 나의 인생책을 구매했다고 생각하니 세상을 다 가진 부자가 된 기분이 든다. 나와 책은 정말 떼낼 수 없는 인연인 것 같다. 책을 읽는 것으로 모자라 책을 이렇게 쓰고 있으니 말이다.

내가 책을 쓰기로 결심한 이유 중 하나는 나의 경험과 노하우가 누군가에게는 절실한 해답이 될 수도 있겠다는 생각을 해서이다. 나의 이야기를 모두 다 쏟아내는 것은 아주 큰 결심이 필요했다.

세상에 나의 힘들었던 시절을 이야기하고 싶은 사람이 어디 있겠는가? 성공한 지금의 이야기만 하고 싶지 않겠는가? 그래서 약 1년 동안 고민을 했다. 내가 과연 나의 이야기를 모두 쏟아낼 자신이 있을까를. 그리고는 곧 결심이 섰다. 내가 우연히 본 유튜브 영상에서 나온 이야기가 내 귀에 꽂혔기 때문이다. 내가 즐겨보는 〈권마담TV〉가 있다.

나와 비슷한 연령의 여자분이신데 또 나와 같은 부산 출신이라 만난 적이 없는데도 불구하고 옆집 언니같은 편안함이 느껴졌다. 그분은 작가이자 출판사 대표로서 동기 부여를 줄 수 있는 도서를 소개해주거나 자신의 경험담을 통해 깨달은 바를 진솔하게 영상으로 안내하고 있었다. 나는 이상하게 그분의 영상만 보면 눈물이 났다. 나와 다른 인생을 살아왔는데 어떤 것이 내 마음을 울렸던 것일까? 그리고 그 뒤엔 꼭 깨달음이 있었다. 그래서 매일 아침 영상을 돌려보고 또 보았다. 내가 책 쓰기를 망설이던 어느 날 내 귀에 이런 이야기가 들려왔다. 나의 평범한 인생 이야기가 누군가에게는 큰 도움이 될 수 있다는 이야기였다. 나의 이야기로 책을 쓰는 것이 나와 같이 힘든 사람들을 도와줄 수 있다는 사명감을 가지고 해야 하는 일이라는 생각이 내 머리를 스쳐갔다.

그래서 결심했다. 내 이야기를 세상에 하겠노라고. 그리고 곧바로 책 쓰기에 돌입한 것이다. 권마담님은 나에게 큰 동기 부여를 주었다. 내가 책 쓰기를 결심할 수 있도록 나에게 깨달음을 주신 것이다. 그리고 결심했다. 나도 그분처럼 누군가의 인생의 중요한 순간을 결심할 수 있도록 동기 부여를 줄 수 있는 사람이 되겠다고 말이다. 책을 쓰는 내내 즐겁다. 내가 다른 사람에게 큰 도움이 될 수도 있다고 생각하니 설레기도 한다. 그리고 내가 가진 노하우를 더 많이 써야겠다는 생각도 든다.

나는 나에게 동기 부여를 주는 책을 읽으면서 꿈을 하나씩 이뤄왔다. 책 한 권으로 꿈을 이루어내고 있는 것이다. 지금 당신이 꿈을 이루는 과정에 있다면 꼭 자신에게 동기 부여를 주는 책을 읽을 수 있기를 바란다. 그것이 당신에게 오는 가장 최고의 행운의 순간이 될 것이다.

5장

꿈꾸고 행동하는 사람만이 부자가 된다

01

꿈꾸고 **행동**하는
사람만이
부자가 된다

나는 최근 유튜브를 시작했다. 〈람파서블〉이라는 채널 이름으로 유튜브를 운영하고 있다. 나의 유튜브 채널을 통해 내가 성공하기까지의 과정에서 도움이 되었던 방법들과 성공하기 위한 생각 공부법에 대해 안내하고 있다. 모두 내가 경험한 경험담을 토대로 그것을 통해 깨달은 것과 시행착오를 겪으며 만들어낸 나만의 노하우도 대방출하고 있으니 관심 있게 지켜봐주길 바란다.

내가 유튜브를 하겠다고 마음먹은 지 약 2년 만에 드디어 시작하게 되었다. 막상 시작해보니 조금 어색한 것 외에는 크게 어려운 것이 없었는데 뭘 그렇게 고민하고 고민하다 이제 시작했는지 후회가 되었다. 아마도 내 자신을 드러내는 것에 있어 두려움이 있어서 계속 미뤄졌던 것 같다. 나와 같은 생각을 하는 사람들이 대부분이라고 생각한다. 시작해보면 채널을 만드는 것도 영상 편집을 하는 것도 생각보다 어렵지 않고 시간이 많이 소요되지 않는다.

그런데 그 시작이 왜 그렇게 힘들었고 하고 싶다는 생각은 가득한데 행동으로 이어지지 않았을까? 나는 해답을 찾았다. 바로 두려움과 왜 해야 하는지에 대한 명확한 이유가 없었기 때문이다.

"내가 유튜브를 잘할 수 있을까?"
"많은 사람들이 내 채널을 볼 텐데 나에게 안 좋은 소리를 하진 않을까?"
"내가 못생기게 나오면 어떻게 하지?"

고민들을 하며 2년의 시간을 보낸 것이다. 내가 미모를 뽐내야 하는 연예인도 아닌데 뭘 그렇게 예쁘게 나오는 것에 신경을 썼는지, 더 날씬해지면 해야겠다고 미루고, '주변 사람들이 나에게 뭐라고 할까?' 하고 두려워했던 지난 시간을 되돌아보면 정말 바보 같다는 생각만 든다. 유명 유튜버가 돼서 돈을 많이 벌어야 한다거나 이런 것들을 사람들에게 알려쥐야겠다는 마음이 없었다. 그냥 막연하게 '남들도 해서 성공하는 것 같으니 나도 한번 해볼까?'라는 마음이었다. 그러니 꿈만 꾸고 행동은 하지 않게 된 것이다. 왜 유튜브를 해야 하는지 그 이유가 명확하지 않았다. 그것을 통해 나는 무엇을 이루고 싶은지 생각하지 않았다.

여러분도 그렇지 않은가? 유튜브를 해서 유명해지면 돈도 많이 벌고 성공하는 것 같으니 막연하게 해야 한다고 생각하지 않는가? 그 생각으로 지금 유튜브를 운영하고 있는가? 아마 다들 운영하지 않고 있을 것이다. '해야 한다.'라는 생각만 가득할 뿐이다.

나 또한 명확한 동기가 없었기에 나의 꿈 리스트에서 계속 미루어져왔다. '내년엔 꼭 해야지.'라고 몇 년째 말만 하고 있는 것이다. 매년 유튜브를 운영하겠다던 내 동생도 마찬가지이다. 카메라와 조명장비를 다 사놓고 지금 채널조차 만들지 않았다.

왜 하지 않느냐고 물어보면 돌아오는 대답은 똑같다. "조금 더 예뻐지면 할 거야, 조금 더 날씬해지면 할 거야." 이 말만 몇 년째 되풀이 중이다.

그런 동생이 내가 시작한 것을 보고 본인도 동기 부여를 받았는지 채널을 만들고 하나씩 시작하고 있다.

이렇듯 사람이 행동을 하려면 명확한 동기가 있어야 한다. 막연한 꿈만 가지고는 행동으로 이어지기 어렵다는 사실을 잘 알아야 한다. 시작하고 나니 이제 10만을 꿈꾸게 된다. 또 새로운 꿈을 꾸게 되는 것이다.

유튜브 채널을 만들고 처음 영상을 올린 날 그렇게 속이 시원할 수 없었다. 미뤘던 숙제를 다 끝낸 기분이라고 할까? 정말 속이 뻥뚫린 듯 시원했다. 그리고 생각보다 나 자신이 나쁘지 않게 화면에 보였고, 시선 처리나 말이 조금 어색했지만 그 또한 내가 걱정했던 정도는 아니었다. 서서히 고쳐나가면 발전할 수 있으니 괜찮다고 생각했다.

여러분도 나와 같은 고민에 있었다면 오늘 당장 채널을 개설하고 내가 사람들에게 알려주고 싶은 컨텐츠를 생각하여 바로 업로드해보자. 당장 다른 사람에게 보여지기 자신이 없다면 비공개로 해두어도 괜찮다. 채널을 만들고 영상을 찍고 편집을 해서 업로드를 했다는 것이 가장 중요하다. 꿈을 행동으로 옮겨 실현하는 경이로운 순간이다.

그리고 업로드한 이후 자신의 기분을 느껴보아라. 아마 당신도 나와 같은 홀가분한 기분을 느낄 것이다. 만약 그 기분이 든다면 나의 유튜브 채널에 와서 꼭 댓글로 알려주길 바란다. 내가 꼭 함께 축하해줄 것이다. 당신은 꿈을 이뤘다고, 몇 년간 미뤄둔 숙제를 끝냈다고!

몇 년간 나의 꿈을 하나씩 이룰 수 있었던 이유는 꿈을 꿈으로만 남겨두지 않았기 때문이다. 꿈을 실현시켜서 나의 현실에 가지고 왔다. 그리고 나는 지금 그 현실을 살고 있다. 내가 꿈을 실현하기 위한 행동들이 뒷받침되었기 때문에 그것들이 실현된 것이다.

만약 행동하지 않고 꿈만 꾸고 있다면 아직도 이루어낸 것 하나 없는 꿈꾸는 자리에 그대로 머물러 있을 것이다. '행동해야 결과가 있다.'라는 것은 불변의 진리이다. 잘되든 못되든 해봐야 알 수 있는 것이다. 행동하기 전까지는 내 고정 관념에 따른 결과에 사로잡혀 내가 결론을 내려버린다. 그것이 우리가 행동하는 것을 막는 가장 무서운 것이다.

우리는 어릴 때부터 "너는 할 수 있어!"라는 말보다 "너는 그거 하면 안 돼, 니가 어떻게 그걸 한다고, 말도 안 되는 소리 하지 마!"라는 말을 더 많이 듣고 자랐다. 그러니 우리의 고정 관념 속에는 '나는 할 수 없어.'라는 말이 더 크게 자리잡고 있는 것이다. 그래서 행동을 하려고 하는 우리의 발목을 잡는다. 이것이 당신이 행동하지 못하는 이유 중 하나이다. 그러니 우리는 우리의 낡은 고정 관념부터 없애야 한다. 그 고정 관념을 내 마음과 생각 속에서 비워내고 새롭게 '나는 무엇이든 해낼 수 있어.'라는 말로 가득 채워주어야 한다. 그 행동 하나만으로도 당신은 정말 무엇이든 해낼 수 있다는 자신감을 가지게 된다. 자신감이 생기면 행동하게 된다. 결과에 두려워하지 않는다. '나는 해낼 수 있다.'라는 생각으로 행동하므로 결과도 좋은 방향으로 흘러간다.

만약 결과가 좋지 않은 방향으로 흘러간다 해도 포기하거나 낙심하지 않는다. 그럼 방법을 바꾸어 다시 행동하게 된다. 내 마음과 생각속에는 '나는 해낸다'라는 믿음이 가득하기 때문이다.

다른 사람이 꿈을 이루는 모습을 보고 축하해주고 박수만 치고 있을 것인가?

이제 당신도 당신의 꿈을 이뤄내고 많은 사람의 축하와 축복 속에서 살고 싶지 않은가?

그러면 지금 당장 꿈을 세팅하고 그 꿈을 이루기 위한 행동들을 해야 한다. 두려움을 자신감으로 무장하고 앞으로 나아가야 한다. 요즘 세상이 얼마나 좋은가? 핸드폰 하나면 모든 것을 할 수 있다. 이 시대의 흐름을 잘 읽어내면 꿈을 이루기가 더 쉬운 세상이다. 내가 해냈으면 당신은 더 쉽게 해낼 수 있다. 단 하나의 전제 조건만 지킨다면 말이다. 반드시 행동해야 한다. 그것이 내가 꿈을 이뤄낸 비결이고, 모든 성공한 사람들의 성공 비결이었다.

나도 아직 내가 성공이라고 생각하는 곳에 도착한 것이 아니라 그곳으로 가는 여정 중에 있다. 그래서 더 많이 행동하려 한다. 그곳이 눈앞에 보이고 있기 때문이다.

가만히 앉아서 성공하는 사람은 없지 않은가? 금수저도 그것을 지키기 위한 행동을 하지 않으면 안 된다. 그러니 이런저런 핑계는 그만하고 지금 당장 내 꿈을 위해 행동하겠다고 결심하라. 그 결심과 행동만 있다면 당신은 원하는 모든 것을 이룰 수 있다.

02

사람은
생각대로
된다

    우리 가족들은 내가 생각하면 다 이루어내는 요술램프 지니라고 생각한다. 내가 "이것을 해야겠다."라고 말하면 "어차피 언니가 생각하는 대로 될 건데 뭐."라는 말이 뒤따라온다. 내가 생각하면 다 된다고 생각하니 부담이 될 때도 있지만 무엇이든 이뤄낼 능력이 있는 사람이라고 생각해주니 기분은 좋다. 그런데 신기한 것은 가족들이 그것은 나만 가능한 일이라고 생각한다. 내가 특별한 능력이 있다고 생각하는 것이다.

    내가 명상을 하며 나 자신을 알아가고 진짜 제대로 된 생각하는 방법을 통해 생각하니 현실에 실현되는 것뿐인데 나만 가능한 일이라고 생각하니 안타까운 마음이 든다. 내가 아닌 당신이 내가 하고 있는 것들을 그대로 실현해도 이루어질 수 있다.

사람들은 자기 자신에 대해 한계를 긋고 살아간다. '저 사람은 해내도 나는 해낼 수 없다.'라는 생각이 깔려 있다. 자신도 이러한 능력을 가지고 있다는 것을 전혀 모른 채 살아간다. 자신의 능력을 활용하지도 못하고 세월만 보내는 것이다.

내가 이만큼을 해낼 수 있다고 생각하면 정말 그만큼 해낼 수 있게 된다. 사람은 정말 생각대로 된다. 내가 나 자신을 어떻게 생각하느냐에 따라 나의 인생은 결정되는 것이나 다름없다. 지금 나는 내 자신을 어떻게 생각하고 있는지 한번 생각해보자.

'저건 허황된 꿈이야, 나는 절대 가질 수 없어.' 하고 생각하며 자신을 한계 짓고 있는 것은 아닌지 살펴볼 필요가 있다. 우주는 공평하게 우리 모두가 풍요롭게 살 권리를 주었다. 그런데 그것을 활용하느냐, 하지 못하느냐는 우리의 생각에 달려 있다.

나는 그것을 활용하며 살아가고 내가 원하는 것들을 가지고 누리고 살아갈 것인데, 당신은 그런 나를 보며 화가 나지 않는가? '저 사람은 뭐길래 저런 걸 누리고 살아.' 하고 생각하며 배가 아플지도 모른다. 자신도 이런 능력이 있다는 것도 모른 채 말이다.

다시 한 번 말하지만 당신이 하는 생각의 크기만큼 인생의 크기도 달라진다고 생각해야 한다. 그리고 생각의 중요성을 다시 한 번 깨달아야 한다. 내가 매일 어떤 생각을 가지고 살아가는지를 꼭 체크해봐야 한다. 그 사는 대로 생각하며 그저 그렇게 살아가고 있는 것은 아닌지 늘 깨어 있으며 내 생각을 들여다볼 줄 알아야 한다. 내 생각을 체크할 수 있어야 내 인생을 변화시킬 수 있다.

나도 내가 어떤 생각으로 살아가는지 전혀 알지 못하고 살 때가 많았다. 현실이 힘들수록 그런 것을 생각할 여유조차 없었다. 현실의 문제들을 해결하고 살아가기도 바쁜데 내가 무슨 생각을 하면서 살아가는지 살펴볼 여유 같은 건 없었다. 그때의 나는 정말 사는 대로 생각하며 살아간 것이다. 그렇게 살아가는 삶은 더 나아지지도 않을뿐더러 전혀 행복하지 않았다. 하나의 문제를 해결하고 나면 다른 문제들이 생기고 점점 더 삶은 피폐해져갔다. 그곳에서 벗어나고자 발버둥칠 때 내가 지금 무슨 생각을 하며 살아가는지 살펴보게 되었다. 내 생각을 살펴본 그때가 내 인생의 전환점이 되었다. 내가 매일매일이 힘들다고 생각하니 힘든 일만 가득했던 것이다. 원인과 결과가 명백했다. 그래서 당장 생각을 고쳐먹었다. 내가 하는 생각들의 뿌리를 뽑는다는 생각으로 명상을 통해 비워내고 또 비워냈다. 그리고 그 뿌리가 뽑힌 자리에는 앞으로 내가 원하는 삶에 대한 생각들로 가득 채우려고 노력했다.

생각은 우리가 정원을 가꾸는 것에 비유할 수 있다. 이전의 나의 정원에는 예쁜 꽃들은커녕 잡초만 가득했다. 딱 보기에도 전혀 예쁘지 않고 어둡고 지저분한 잡초들이 아주 튼튼하게 파고들어 자리를 잡고 있었다. 그 잡초가 무성하게 자랄 때까지 나는 나의 정원을 들여다보는 방법을 몰랐고, 나에게 정원이 있는지조차 모른 채로 살아갔다.

나에게 정원이 있다는 것을 알고 난 이후 들여다보니 무성한 잡초들이 가득했다. 그것을 뽑으려고 보니 생각보다 단단하게 자리잡고 있어 바로 뽑히지 않았다. 많은 노력들 끝에 드디어 잡초들을 다 뽑아냈다. 그 상쾌한 기분은 말로 표현할 수 없다. 이제 나의 정원은 내가 원하는 대로 가꾸겠다고 마음먹었다. 그리고 예쁜 것들로만 가득 심어주었다. 씨를 뿌리고 물을 주고 영양분을 주면서 정성껏 가꾸었다. 드디어 예쁜 꽃들이 피어나기 시작했다. 하나가 피어나기 시작하니 끊임없이 피어났다. 그렇게 내 인생에도 빛이 나기 시작한 것이다.

내 생각의 정원에 있던 부정적인 생각들과 나를 한계 짓는 생각들은 바로 무성한 잡초였다.

이 잡초들이 가지를 치고 더 많은 잡초들을 생겨나게 했던 것이다. 그래서 나의 머릿속엔 부정적인 생각과 두려움, 가능성을 제한하는 생각들이 점차 더 많이 생겨났던 것이다. 그 잡생각들을 뽑아내기란 쉽지 않았다. 생각보다 오랜 시간 나에게 머물러 있다 보니 정말 깊게 자리를 잡고 있었다.

그 잡생각들을 뽑기 위해 명상을 하고, 잠재의식에 대해 공부하고, 필사를 하고, 확언을 하며 부단한 노력을 했다. 긍정적인 것들이 차곡차곡 쌓이기 시작하니 잡초들은 시들시들 힘없이 빠져나갔다. 그것이 빠져나간 곳에 나는 더더욱 열심히 긍정적인 것들을 채워넣었다.

아주 빼곡이 심어놓았다. 언제가 피어날 예쁜 꽃들을 기다리면서 말이다. 그리고 하나씩 내 인생에도 예쁜 꽃들이 피어나기 시작했다. 매일매일 나를 위해 계획된 일들이 하나씩 일어나기 시작했다. 그것도 내가 꿈꾸는 일들만 골라서 이루어졌다. 너무 신기한 경험이었다. 그때부터 나는 내 생각의 정원사가 되어 내가 원하는 정원으로 가꾸어가고 있다.

당신에게도 멋진 정원이 있다. 그것을 모른 채 살아가고 있을 뿐이다.

내 책을 보고 멋진 정원이 있다는 것만 알게 되어도 당신의 인생은 변하게 될 것이다. 이제 그 정원을 들여다보아야 한다. 잡초들이 가득한지 예쁜 꽃들이 가득한지 살펴보아야 한다. 어떠한가? 당신이 원하는 정원의 모습인가? 아니면 당장이라도 정원을 다 갈아엎고 싶은 모습인가? 당신의 인생이 현재 마음에 들지 않게 흘러간다면 아마도 잡초가 무성한 정원을 가지고 있을 것이다. 이제 그것을 발견했으니 어서 잡초를 뽑아버리자. 잡초가 없는 자리에 새로운 씨앗을 심을 수 있다.

잡초를 뽑는 방법들은 앞에 내가 여러 방법들을 소개하고 있으니 믿고 실천해보길 바란다. 그것들을 잡초가 뽑힐 때까지 지속 반복해야 한다는 사실을 기억해야 한다. 잡초가 뽑히는 것을 당신은 느낄 수 있을 것이다.

어떠한 일에도 부정적인 생각보다 긍정적인 생각이 먼저 들 것이고, 불가능보다 가능한 것을 생각하게 되는 자신을 발견했다면 잡초 뽑기에 성공한 것이다. 이 이후가 가장 중요하다. 잡초를 힘들게 뽑았으니 그 빈자리에 다시 잡초를 심으면 안 된다.

그러니 이제부터 잠재의식에 대해 더 공부하고 매일 내가 원하는 생각들을 더 자주 깊게 해서 잡초들이 다시 나지 않도록 그 자리를 지키자. 그리고 그곳에 내가 원하는 꽃들이 자라날 수 있도록 씨앗을 심자. 그 씨앗은 곧 당신의 인생을 향기롭게 만들어줄 예쁜 꽃으로 피어날 것이다.

이처럼 내가 어떻게 생각하느냐에 따라 내 인생의 결과는 달라진다.

　나는 이 말을 한 번 더 강조하고 싶다.

　사람은 생각대로 된다.

03

보이는 것보다
보이지 않는 것이
더 중요하다

    사람들은 문제가 생기면 해답을 외부에서 찾으려고 한다. '어떻게 하면 매출을 늘릴 수 있을까? 어떻게 하면 빚을 갚을 수 있을까?'라는 생각으로 해답을 찾기 위해 노력한다. 나 또한 해답을 외부에서 찾으려고 노력했던 적이 있다. 매출이 늘지 않아 늘 걱정과 고민 속에서 또 고민을 한다. '어떻게 하면 매출이 늘 수 있을까?'를 고민해봐도 나오는 답은 똑같다. 마케팅을 잘하는 것이다. 온·오프라인 마케팅의 비용을 들여서 다방면으로 홍보를 하게 되면 매출은 늘게 된다. 하지만 그 해결책은 돈이 많은 회사일 때만 가능한 해답이다. 그래서 많은 자영업자들이 한숨을 몰아쉬고 있는 것이다.

그 해답을 몰라서가 아니다. 현실에서 그것을 할 수 없기 때문에 버티고 버티며 고민 속에 살아가는 것이다. 그렇다면 모두가 정답을 외부에서 찾을 수 있는 것은 아니다.

내가 앞서 생각의 중요성을 계속 강조해왔다. 생각에 따라 나의 현실은 변할 수 있기 때문에 생각은 정말 중요한 것이다. 문제의 해결을 하기 위해서는 어떠한 생각으로 살아가고 있는지를 먼저 점검해야 한다. 외부에서 정답을 찾지 못했다면 나의 내면을 한번 살펴보아야 한다. 나의 해답은 외부가 아닌 내부에 있기 때문이다.

이제 나의 내부에 집중해서 이 문제의 원인이 무엇이고 어떻게 해결해야 하는지를 찾아보자. 먼저 나의 생각을 점검하고 나서 나의 생각 정원을 둘러보자.

어떠한 문제가 있다는 것은 무성한 잡초 때문일 것이다. 내가 잘못 뿌린 잡초의 씨앗들이 자라나서 문제로 자리 잡은 것이다. 그것부터 해결하면 된다. 해결 방법은 앞에 상세히 소개해두었다. 그 방법대로 잡초를 제거하고 나면 문제는 해결된다. 하지만 그 자리에 꽃으로 채우지 않으면 또다시 잡초가 자라날 수 있다. 즉, 문제가 또 생길 수 있다는 말이다. 그러니 그 자리에 문제가 아닌 내가 바라는 현실의 모습을 생생하게 상상하며 자리를 채우자. 그러면 문제는 말끔히 사라지고 내가 원하는 인생이 펼쳐지게 될 것이다. 이처럼 우리의 모든 문제는 외부에서 일어나는 것이 아니다. 나의 내면에 문제의 원인이 있고 그 결과 외부세계에 나타나는 것이다.

나는 이것을 사업이 어느 정도 성장하고 있을 때 깨달았다. 분명 나의 정원을 잘 가꾸고 있다고 생각했는데 자꾸 반복되는 문제들이 생겨났다. 답답한 마음에 해결책을 찾기 위해 명상을 하며 나의 정원을 들여다보았다. 그 결과 구석쯤에 자리잡아 썩어가는 잡초를 발견했다. 그것은 내가 원망하고 있는 사람이었다. 나의 사업을 힘들게 만들었던 사람들에 대한 오래된 원망들이 잡초로 자리잡고 있었다. 너무 구석에 있어 보이지 않았던 것뿐이지 그것은 굉장히 오래된 잡초였다. 나는 그때 깨달았다. 원망의 감정들이 쌓여 있었고, 그것들이 문득문득 나에게 문제로 나타났다는 것이다.

문제들은 주로 사람과의 관계에서 일어났는데 이것이 원인이었다고 생각하니 당장 뽑아버리고 싶었다. 그래서 나는 그 사람들을 진심으로 용서하는 명상을 했다. 진심으로 그들을 용서했고 그들이 행복하기를 바라며 매일 그들을 용서해나갔다. 용서를 할 때마다 나의 원망하는 마음은 줄어들었다. 처음에는 눈물이 왈칵 나더니 점점 마음이 편안해지고 그들의 행복을 바람에 있어 거부감이 전혀 들지 않았다. 신기하게도 그렇게 하고 나서부터는 반복되던 사람과의 문제들이 발생하지 않았다.

용서를 하는 데는 오랜 시간이 걸렸다. 하지만 그 문제의 원인을 제거하고 나니 더이상 결과로 나타나지 않았다. 지금은 그들이 행복하게 살고 있을 것이라고 생각한다. 내 마음이 전해져 그들도 나에게 미안한 마음보다는 서로의 행복을 바라는 마음으로 살고 있을 거라고 생각한다.

혹시 당신도 반복되는 문제들이 있는가? 그렇다면 나처럼 한번 살펴보아라. 문제는 외부에서 절대 해결되지 않는다. 당신의 내부에 그 문제의 원인이 있다. 그러니 지금 한번 살펴보길 바란다. 나처럼 과거에 받은 상처들이 깊게 자리잡고 있는 것인지 꼭 살펴보아야 한다. 미워하는 마음이 가득하다면 그것부터 용서해야 한다. 그것은 당신에게 오랫동안 자리잡고 있었기 때문에 빼내려면 용서를 해야 한다. 그 사람을 위해서 용서하는 것이 아니다. 나를 위해 용서해야 한다.

용서를 하는 것이 정말 쉽지 않을 것이다. 나에게 온 상처가 크다면 큰만큼 힘들 수 있다. 하지만 용기를 내어 꼭 용서해야 한다. 용서를 하지 않고서는 내 문제는 해결되지 않음을 명심해야 한다. 죽이고 싶을 만큼 미웠던 사람을 용서하는 과정에서 나의 감정이 치유되는 느낌을 꼭 느껴보아라. 그때에 느껴지는 해방감은 말로 표현할 수 없다.

정말 이 법칙은 신기하다. 경험을 하고 나면 이제 나에게 문제가 생긴 다 해도 전혀 두렵지 않다. 내가 해결 방법을 알고 있기 때문이다. 내 문 제는 외부의 환경으로 해결할 수 없다. 오로지 나만 해결할 수 있기 때문 에 내가 나 자신을 들여다볼 줄 알아야 한다.

내 주변에는 나에게 이러한 방법을 배워서 실천한 이후로 인생을 변화 시킨 사람들이 많이 있다. 그들은 처음에는 내 이야기를 비웃어댔다. 하 지만 내 인생이 변화된 이후로는 다시 한 번 그 방법을 알려달라고 찾아 왔다. 그 이후 그들은 내가 말해준 대로 실천하며 자신의 인생을 원하는 대로 설계하고 하나씩 이루어갔다. 그때에 바로 믿고 실천하지 않은 것 에 시간을 낭비했다며 후회를 한다. 나는 지금도 나에게 생겨나는 문제 들을 내 안에서 답을 찾아 해결한다. 그것은 아마 평생 동안 지속될 것이 다. 내가 답을 알고 있다는 그 사실을 알았기 때문이다.

당신이 생각하는 돈 문제도 마찬가지이다. 나는 사업이 힘들 때마다 돈을 원망했다. 세상에 돈이라는 것이 왜 나한테만 오지 않는지 원망하 고 또 원망했다. 그럴수록 돈은 더 나에게 찾아오지 않았다. 내가 이 법 칙을 이해하고 난 이후부터 내 정원에 있는 돈에 대한 뿌리를 찾아보았 다. 역시나 그 뿌리는 힘없이 간신히 버티고 있었다. 아주 메마르고 메말 라 곧 죽어갈 듯 보였다. 늘 하던 원망하는 생각이 나의 돈 꽃의 뿌리까지 시들게 해버린 것이다. 그 결과로 나는 현실에서 돈을 가지기 어려웠다. 그것을 보고 난 이후부터 시든 돈 꽃의 뿌리를 빼내고 튼튼하고 풍족한 돈 꽃을 새로 심었다. 그 꽃에서는 풍족함이 가득하길 바라며 심고 또 심었다.

그리고 드디어 나에게도 풍족한 돈 꽃이 피었다. 그것은 결과로 나에게 나타났다. 내가 필요로 할 때마다 돈이 생겨났다. 돈이 필요하다는 생각을 하면 어떻게든 그 돈은 나에게 찾아왔다. 너무 신기하지 않은가? 내가 하는 이야기들이 상상 속에서 지어낸 이야기처럼 들린다면 아직 당신은 이 법칙을 이해하지 못한 것이다.

당신에게도 지금 돈이 메말라 있는 상황인가? 그렇다면 당신 정원에 있는 돈 꽃이 어떤 모습인지 살펴볼 필요가 있다. 아마도 메마르고 메마른 채로 간신히 버티고 있을 것이다. 그러니 돈이 찾아올 리가 없다. 당신이 그토록 바라는 돈은 외부에서 오는 것이 아니라 나의 내면에서 온다는 사실을 알아야 한다. 이 법칙을 이해하고 적용하면 세상을 살아가는 것이 정말 재미있을 것이다. 내가 원하는 것들은 외부가 아닌 내부에 있다. 그것을 외부로 나타내주는 것이다. 그러니 외부에서 답을 찾지 말고 내부에서 답을 찾을 수 있어야 한다. 모든 정답은 내부에 있다.

04

무엇인가가
되고 싶다면
신념을 가져라

    당신은 신념을 가지고 있는가? 나는 신념이 성공의 첫 번째 요소라고 생각한다. '나는 반드시 해낸다.'라는 확고한 신념 없이는 성공을 바랄 수 없다. 나는 새로 인생을 살아보겠다고 결심한 이후부터 확고한 신념을 가졌다. 내가 가진 능력들을 인정하고 그렇기 때문에 '나는 해낼 수 있다'고 생각했다. 내가 해낼 수 있는 능력을 가진 사람이기에 해낼 수 있다고 확고한 신념을 가지게 되었다. 지금 성공을 꿈꾸고 있다면 확고한 신념을 가지고 있는지 살펴보아야 한다. 자신에 대한 믿음, 내가 할 수 있다고 믿어주는 마음이 없다면 성공은 꿈으로 끝나고 말 것이다. 신념은 가장 힘든 순간에 빛을 발한다. 일이 잘 풀릴 때는 느끼지 못한다. 하지만 세상 가장 힘든 순간이 오면 신념 없이는 그것을 헤쳐나가지 못한다. 신념은 고난과 역경을 이기게 해주는 가장 강력한 힘이다. 무슨 일이 있어도 해내겠다는 마음이 있어야 힘든 일도 이겨낼 수 있다. 많은 사람들은 힘들 때를 버티지 못해 주저앉고 만다. 평소 신념을 가지고 그 일을 하지 않았기 때문이다. 신념을 가진 사람들은 해내는 그 순간까지 무너지지 않는다. 누가 뭐라고 해도 나는 굳은 신념으로 해내겠다고 생각하며 현재도 살아가고 있다.

그럼 신념은 어떻게 가질 수 있을까? 먼저 신념을 가지기 위해서는 자신을 믿어주는 마음이 있어야 한다. 자기 자신을 믿지 못하면 신념은 절대로 생길 수 없다. 당신은 자기 자신에 대한 믿음이 있는가? 무엇을 계획하면 작심삼일로 끝내버리는 나, 힘든 일 앞에서는 금방 물러서버리는 나의 모습들만을 봐왔기 때문에 당장 나를 믿어준다는 것은 쉽지 않다. 그럼에도 불구하고 신념을 가지도록 노력해야 한다. 자기 자신을 믿어주는 힘을 길러내는 방법 중 하나는 아주 작은 것이라도 성취하는 기쁨을 느껴보는 것이다.

큰 목표가 아닌 아주 사소한 것부터 해내는 것을 경험하는 것이 중요하다. 예를 들어 오늘 하루는 커피를 마시는 대신 물을 마시기로 정했다면 그것을 지켜내는 것만으로도 '나도 할 수 있다!'라는 자신감이 생길 것이다. 작은 목표부터 하나씩 달성해나가다 보면 내 자신에 대한 믿음이 차곡차곡 쌓이기 시작할 것이다. 그 믿음이 쌓여 굳은 신념이 될 수 있다.

내가 확고한 신념을 가질 수 있도록 도와준 것은 앞장에 안내했던 TO-DO LIST였다. 오늘 해야 할 일을 정리하고 그것을 하나씩 지워갈 때마다 해냈다는 성취감과 나에 대한 믿음이 쌓이기 시작했다. 매일 쉽게 잘 해낼 수 있는 것부터 도전하고 성취하는 것이 중요하다. 높은 목표를 세워서 그것을 이루지 못하면 깊은 좌절감과 함께 '역시 나는 안 돼.'라는 마음만 깊어질 뿐이니 처음부터 높은 목표보다는 아주 작은 목표부터 쓰고 달성할 수 있도록 노력해보자. 그러면 어느 순간 조금 높은 목표도 달성하고 있는 자신을 보게 될 것이다. 나에 대한 확고한 믿음을 가진 채로 말이다.

05

거절을
두려워하지
마라

당신은 거절을 잘하는 사람인가? 아니면 다른 사람에게 상처를 주는 것이라 생각해 잘하지 못하는가? 나는 후자에 가까웠다. 거절하는 것이 세상 가장 힘든 일이었다. 객관적으로 절대 들어줄 수 없는 부탁을 해와도 그 사람 앞에서는 거절을 할 수 없어 대부분 사람들의 부탁을 들어주었다. 내가 피해를 보더라도 말이다. 지금 생각해보면 정말 내 자신이 한심하게 느껴진다. 바보도 아니고 왜 그런 부탁을 거절하지 못했는지 이해가 되질 않는다.

그때 거절을 하지 못했던 이유는 단 하나이다. 거절을 했을 때 그 사람과 나의 관계가 틀어질 것 같기 때문이다. 그리고 내가 그 사람에게 나쁜 사람으로 비춰지는 것이 싫었다.

그 사람이 나에게 그렇게 소중한 사람이 아님에도 불구하고 그것이 너무 두려웠다. 나는 모든 사람에게 착한 사람이길 바랐다. 그것이 바로 착한 사람 콤플렉스이다.

"가람아, 새로 나온 좋은 보험이 있는데…."

지인이 찾아왔다. 나는 이미 엄마가 가입해둔 보장 좋은 보험이 있었다. 이번에 실적을 채워야 해서 좀 도와달라는 지인의 말에 나는 한 달에 10만 원을 추가로 내야 하는 보험에 덜컥 가입해주었다.

분명 기존에 가지고 있는 보험과 혜택이 중복되는 내용도 있었고, 한 달에 10만 원의 추가 비용이 부담스럽기도 했다. 그런데 나를 일부러 찾아온 지인의 부탁을 거절할 수가 없었다.

그래서 난 기존의 지출 외에 필요하지 않은 보험료를 내게 된 것이다. 그렇게 몇 달이 지나 그 지인이 또 찾아왔다. 이번엔 우리 가족들에게 좋은 보험이 있다며 한 번만 더 도와달라고 했다. 이미 가족들은 각자의 보험을 가지고 있었다. 실적이 부족해 수당을 얼마밖에 받지 못한다며 부탁을 하는 지인의 얼굴을 보니 또 거절을 할 수 없었다.

그래서 앞의 10만 원에 25만 원 정도를 더해 총 35만 원의 월 보험료를 납부하게 되었다. 정말 거절하고 싶은 마음이 굴뚝같았다. 35만 원이면 학원의 두 달치 관리비에 해당했다. 이미 보험을 가지고 있기에 병원에 가거나 사고가 나도 중복되지 않는 부분들도 많았다.

매달 보험료 독촉이 올 때마다 후회하고 또 후회했다. 그 지인도 내가 보험료 납입이 안 될 때마다 나 때문에 수당을 못 받는다고 납입을 독촉해왔다. 그럴수록 지인과 나는 서로 불편한 사이가 되어갔다. 이제 더이상 보험을 유지할 수 없어 해지하겠다고 연락을 하자 지인은 나에게 화를 내며 해지를 강력하게 거부했다. 내 보험이고 내가 해지를 하고 싶다는데도 안 된다는 것이었다. 이유는 본인의 수당 때문이었다. 그래서 나에게 자신이 몇 달을 대납해줄 테니 유지를 해달라고 부탁했다. 해지를 할 때는 꼭 거절하겠다고 다짐했건만 수당을 못 받아 생활이 안 된다는 이야기를 듣고는 또 거절하지 못하고 그 제안을 받아들였다.

하지만 대납을 해줄수록 독촉은 이어졌다. 점점 내가 돈을 빌린 사람이 되어가고 있었다. 그때마다 나는 줄 수 없는 이유를 변명하고 있었다.

점점 이건 아닌 것 같다는 생각이 들었고 그 지인에 대한 좋지 않은 감정만 깊어졌다. 그래서 서로를 위해 그만해야겠다는 결심을 했다.

전화를 걸어서 수당과 관련없이 내가 더 이상 못 하겠다는 이야기로 그 보험을 해지하게 되었다. 그러자 그 지인은 더 이상 나에게 연락을 하지 않았다. 그리고 결국 대납까지 하며 납입했던 나의 소중한 300만 원 정도의 돈도 받지 못하게 되었다.

그때에 나는 그 지인의 진짜 모습을 보게 된 것이다. 나에게 미안함보다는 나 때문이라는 원망을 늘어놓은 채 연락을 끊었다. 결국 나를 위해 보험을 권하는 듯했지만 자신의 수당을 위해 나를 이용한 것이다. 그 이후 나는 너무 홀가분했다. 무거운 짐을 내려놓은 듯 편안했다. 바로 거절하지 못했던 것이 너무 후회되었다. 결국 사람도 잃고 돈도 잃게 된 것이다. 아마 나처럼 이런 경험들은 한 번씩 있을 것이라고 생각된다. 만약 거절을 못 하는 사람이라면 말이다.

보험 외에도 정수기, 공기청정기 등을 시작으로 핸드폰 등 여러 가지들을 거절하지 못해 피해를 본 경험이 많이 있다. 그 이후로는 나는 내가 먼저 필요한 경우가 아니라면 부탁을 해도 단호하게 거절한다. 그 사람이 기분 상하지 않도록 필요시에 말하겠다는 말도 꼭 붙인다.

더 이상 사람과 돈을 잃고 싶지 않다. 그리고 내가 거절을 못 해서 쓸데 없는 물건을 들여놓는 바보같은 행동도 더이상 하고 싶지 않다.

거절을 하면 그 사람과의 관계가 좋아지지 않을 것이라는 두려움이 있는가? 분명하게 말하지만 거절을 하지 않으면 그 사람과의 관계는 결국 좋아지기 어렵다. 내가 무리하고 희생해서 해주는 것이라고 그 사람은 생각하지 못한다. 더욱이 그 사람의 생계가 걸려 있는 문제라면 나중에 오히려 더 큰 원망을 듣게 될지도 모른다. 당신이 원하는 것이 아니라면 단호하고 정중하게 거절할 수 있어야 한다. 거절의 기술에 관련된 책들도 많이 나와 있으니 한번 살펴보는 것도 도움이 될 것이다.

내가 성공하기 위해서는 거절도 할 수 있어야 한다. 나중에 회사에 큰 피해가 갈지도 모르는 상황에서도 인간관계 때문에 부탁을 들어주게 될수도 있다. 그러면 당신의 가장 소중한 것을 잃게 될 수 있다.

나는 끝까지 거절을 하지 못해 자신의 소중한 집까지 날려먹은 사람들을 여러 명 보았다. 그러면 너무 억울하지 않겠는가? 그 순간 거절을 못해 평생을 모은 돈을 다 날려 먹은 사람들도 TV에 많이 나오지 않는가? 거절을 계속 하지 못하게 된다면 남의 일이 아니라 이것이 나의 일이 될수도 있다. 부탁을 들어주는 것으로 관계가 유지되는 사이라면 지금 당장 그 관계를 정리해야 한다. 당신은 그 사람에게 이용당하고 있는 것이다.

우리나라는 동방예의지국이라 불리며 예전부터 예의를 중시했다. 인간관계에서도 거절하는 방법보다는 다른 사람을 배려하는 방법부터 배워왔다. 그래서 다른 사람이 하는 부탁을 거절하면 배려심이 부족하고 예의가 없는 사람으로 비춰질까 걱정하여 거절을 못 하는 사람들이 많이 있다. 그리고 우리나라에는 '정'의 문화가 있다 보니 상대방의 부탁을 거절하면 정이 없다고 비춰질 수 있기에 거절을 못 하는 경우들도 많이 있다. 나 또한 어릴 때부터 부모님의 넓은 배려심을 보고 자라왔기에 다른 사람이 힘들면 도와줘야 한다고 생각했다.

다른 사람의 어려움을 보고도 그냥 지나치는 것은 정말 나쁜 사람이라고 생각했다. 그래서 거절을 하는 방법을 배우지 못했고, 다른 사람이 하는 부탁을 무조건 들어주게 된 것이다.

아마 대부분의 사람들도 한국에서 교육을 받았다면 정중하게 거절하는 방법보다는 힘든 사람을 보면 도와줘야 한다는 것부터 배웠을 것이다. 그러니 거절이 힘든 것은 어쩌면 당연하다. 그래서 나는 거절하는 방법도 배움이 필요하다고 생각한다.

상대방과의 관계에 문제가 생기지 않으면서도 내가 필요로 하지 않을 때는 정중히 거절하는 방법을 배워야 한다. 나는 책 읽는 것을 좋아하다 보니 거절을 잘하는 방법에 대한 책을 읽으면서 여러 방법들을 배웠다. 모르면 배워야 한다. 남을 위해서가 아니라 오로지 나를 위해서다. 나의 카페와 유튜브를 통해 거절하는 방법에 대한 책들도 추천해서 리뷰하겠다. 부자가 되기 전에 거절하는 방법을 명확하게 알아야 한다.

그래야 가진 것을 잃거나 사기 당하지 않는다. 그러니 지금부터 배워서 삶에 적용해나가야 한다. 무엇이든 처음이 어렵지 않은가? 거절도 처음이 어렵지 두 번째부터는 훨씬 쉽게 할 수 있다. 그러니 두려워하지 말고 거절해야 할 때는 거절할 수 있어야 한다.

06

반드시 해낸다는
확신의 상태에
있어라

내가 교습소에서 어학원으로 규모를 확장할 때 모든 커리큘럼과 운영 방식을 바꾸어야 했다. 이전 선생님들과 함께 만든 방식을 온전히 나 스스로 바꾸는 데는 많은 노력과 시간이 들어갔다. 하지만 여기서 어떻게 하느냐에 따라 성공 또는 실패로 나뉠 것 같은 느낌이 들었다. 그래서 어렵고 힘들었지만 하나씩 시스템화시켜나갔다. 매일 수업을 끝내고 하나씩 만들어가다 보니 퇴근 시간은 매일 새벽 1시를 넘겼다. 겨울의 추운 날씨 속을 뚫고 집으로 걸어가는 길에 나 스스로에게 말해줬다.

'너는 해낼 수 있어!'

'하나씩 이뤄가고 있어.'

나에게 끊임없이 반복해서 말해주었다. 그래서 새벽까지 일을 하고 집에 갔지만 피곤하지 않았다. 오히려 더 에너지가 넘쳤다. 내가 새로 계획하는 것들을 실행했을 때의 모습들이 떠오르면서 설레었다. 그렇게 꿈과 희망을 가지고 내가 생각하는 최고의 커리큘럼을 만들어갔다.

이 방법으로 가르치면 모든 아이들이 쉽고 정확하게 영어를 배울 수 있을 거라는 확신이 들었다. 내가 계획하면서도 잘될 것이라는 확신이 들었다. 나의 확신은 정확하게 맞았다. 내가 만든 커리큘럼이 추후 계획한 미국 학교에서 진행되고 있는 커리큘럼과 거의 일치했다.

원어민들이 영어를 배우는 방식으로 커리큘럼을 만들려고 노력했는데, 추후 미국 학교와 파트너십을 맺으면서 미국 학교의 커리큘럼과 우리 학원의 커리큘럼이 거의 비슷하게 진행되고 있음을 확인하고 얼마나 뿌듯했는지 모른다. 다만 나는 그들이 언어를 배우는 방식으로 알려주되 우리 아이들이 원어민이 아니라는 관점에서 알려줄 수 있도록 커리큘럼을 조금 변형하여 만들었다.

나는 영어 전공자도 아니고 해외에서 오랫동안 거주하지 않았기에 원어민 수준으로 스피킹을 하지는 못한다. 하지만 꾸준히 영어 공부를 하고 있고, 영어를 가르칠 수 있는 국제 자격증을 여러 개 취득했다. 내가 공부를 해보아야 아이들이 이 수준에서 어떻게 느끼는지를 알 수 있다고 생각한다. 무엇이 어려운지 내가 알고 있어야 아이들의 어려움을 이해하고 그들의 수준에서 쉽게 알려줄 수 있다.

선생님을 채용할 때 가장 먼저 보는 것이 있다. 바로 티칭 자격증과 티칭 스킬이 얼마나 뛰어난가를 보고 결정하는 편이다. 선생님의 학력과 원어민 같은 스피킹 실력은 두 번째이다. 아무리 본인이 좋은 대학을 나오고 해외에서 오래 살다 와서 원어민과 같은 스피킹을 구사한다 하더라도 아이들에게 영어를 가르치는 것은 다른 이야기이다.

내가 잘하는 것과 잘 가르치는 것은 다르다. 오히려 아이들은 학력이 높은 선생님들의 수업을 어렵게 느끼는 경우가 있다. 자신이 아는 만큼 아이들도 이 정도는 알 것이라 생각하고 수업을 진행하기에 아이들의 수준에서는 어렵게 느껴지고 이해가 잘 되지 않는 것이다. 티칭을 잘하려면 먼저 아이들의 수준에서 쉽고 정확하게 설명해줄 수 있어야 한다. 수업 연구를 해야 하고 본인도 끊임없이 영어 공부를 해야 한다. '영어를 이제 공부하지 않아도 나는 해외에서 오래 살아서 잘하니까.'라는 것으로 아이들을 잘 가르칠 수 없다.

자신이 어려움을 모르는데 어떻게 아이들의 어려움을 이해하겠는가? 그래서 나는 선생님의 열정과 티칭 스킬을 중시하고, 나 또한 여러 레벨의 아이들의 수준에서 가르쳐줄 수 있는 방법을 매일 연구한다. 많은 학부모님들에게 말해주고 싶다. 좋은 학벌을 갖고 있거나 외국에서 오래 살았다고 해서 잘 가르치는 것이 아니라 열정을 가지고 수업을 연구하는 선생님이 가장 잘 가르치는 선생님이라고 말이다. 아이들이 원어민이 수업하는 영어 학원에서 오래 버티지 못하는 이유가 여기에 있다. 원어민들은 본래 자신의 언어이기에 따로 공부할 필요가 없다. 본문을 읽는 것이 전혀 어렵지 않고 답을 찾아내는 것도 너무 쉽다. 그러니 아이들에게 어떻게 가르칠지를 연구하는 원어민은 거의 없다. 그러니 아이들은 해석을 어떻게 해야 할지, 어떻게 답을 찾아야 할지에 대한 방법에 대해서는 모른 채로 그냥 따라가는 것이다. 가끔 다른 어학원을 그만두고 우리 원에 와서 테스트를 받아보면 아이들의 빈 구멍들이 너무 많이 보인다. 시간을 투자한 만큼 실력이 쌓여 있지 않다. 겉핥기식으로 레벨만 엄청 높여놓은 것이다. 나는 이렇게 무책임한 어학원 원장이 되고 싶지 않았다.

아이들의 소중한 시간을 지켜주고 싶고, 영어 때문에 꿈을 포기해야 하는 일들은 절대 없기를 바라기에 더 쉽고 재미있게 알려주고 싶다. 자신이 가르치는 커리큘럼에 대한 확신과 자신이 있어야 아이들에게 확실하게 알려줄 수 있다. 원장부터 자신의 커리큘럼에 대한 확신이 없으면 아이들에게 안내하는 방향이 흔들릴 수밖에 없다.

대부분의 학부모님들은 프랜차이즈 어학원을 선호한다. 체계화된 시스템에서 우리 아이가 교육받길 원하는 마음에서이다. 그것도 물론 맞는 말이다. 하지만 그보다 먼저 보아야 할 것이 있다. 수업 준비를 하는 선생님이 몇 명이나 되는지 말이다.

아이들 한 명, 한 명 어떻게 알려주면 좋을지 고민하는 선생님이 있는지 없는지는 정말 중요하다. 아이들에게 관심 없이 스케줄에 맞춰 수업만 해주는 선생님들도 많다. 그러면 우리 아이가 무엇이 부족한지 선생님은 알 수 없다. 정해진 시간 안에 진도를 나가야 하고 원에서 시키는 것들을 모두 해야 하기 때문에 선생님은 그것을 해내느라 바쁘다.

나는 프랜차이즈 어학원보다 개인 어학원을 운영하는 원장님들이 정말 대단하다고 생각한다. 자신의 커리큘럼에 확신이 없으면 절대 오랫동안 원을 운영하지 못한다. 그 확신을 가지고 아이들을 교육하고 학원을 키워나가기 위해 끊임없이 연구하고 노력하는 것이다. 그 노력을 하는 열정으로 아이들을 케어하니 아이들 실력이 느는 것은 당연하다고 본다.

나는 내가 하는 일에 있어 확신이 없으면 시작하지 않는다. 내가 자신이 없는데 어떻게 힘든 것들을 하나씩 헤쳐나갈 수 있겠는가? 내가 확신을 가지고 시작하면 다른 사람들도 나의 확신에 찬 모습을 보고 따라온다. 저 사람과 함께라면 잘될 것이라는 확신을 한 번 더 가지게 되는 것이다. 모든 것은 나의 모습에 따라 달라진다. 그러니 지금 당신은 당신이 하고 있는 것에 확신을 가지고 있는지 살펴보아야 한다.

만약 확신 없이 어쩔 수 없이 하고 있는 일이라면 다시 한 번 생각을 해보아야 한다. 내가 확신을 가지고 할 수 있는 일이 무엇인지 진지하게 고민해보아야 한다. 확신 없이는 원하는 꿈을 이룰 수 없다. 나는 아이들의 영어 실력을 높여줄 수 있다는 확신이 있다.

그래서 상담을 진행할 때에도 확신에 찬 눈빛과 목소리로 자신 있게 이야기한다. 나는 내 자신에 대한 확신이 있기에 당연히 내가 가르치는 프로그램에 대한 확신도 있다. '아이들 실력이 향상된다'고 생각하고 가르치니 아이들의 실력 또한 향상되었다. 앞에서도 말했듯이 모든 것이 생각에 달려 있다. 내가 가장 잘 가르친다고 생각하니 정말 잘 가르치게 되고, 아이들의 실력이 향상되는 것이다.

당신은 꿈이 있는가? 그렇다면 반드시 해낸다는 확신의 상태에 있어야 한다. 확신의 상태에 있을 때는 그에 맞는 것들이 나에게 끌려온다. 확신에 차 있으니 그에 맞는 기회와 정보들이 나에게 들어온다. 나는 그 기회를 잡으면 된다. 그렇다면 당신의 꿈을 이루는 데 걸리는 시간은 생각보다 짧을 것이다. 오랜 시간이 걸려야지만 성공하는 것이 아니다. 그 시간이 길어지면 질수록 지치기만 한다. 성공은 빠른 시간 내에 이루어야 한다. 그것은 당신이 항상 확신에 찬 상태에 있을 때 가능한 것이다.

07

당신이
두려워하는 것을
하라

　나의 꿈은 처음부터 어학원 원장이 되는 것이 아니었다. 옷을 좋아하고 잘 안다고 생각했다. 그래서 패션과 관련된 사업을 시작했고, 멋진 편집숍도 차리고 해외에 바잉을 다니며 살아가기를 꿈꿨다. 그것이 내가 가장 좋아하고 자신 있는 것이라고 생각했기 때문이다.

　감사하게도 옷을 많이 입어보다 보니 패션 센스를 가지게 되었다. 그래서 별 노력 없이도 잘한다는 소리를 들었다. 그래서 그 일을 즐기면서 재미있게 했다. 하지만 내가 패션 사업을 할 때에 온라인 쇼핑몰이 넘치듯이 많아지기 시작했다. 나보다 훨씬 센스가 좋고, 이미지가 좋고, 마케팅을 잘하는 사람들이 온라인 쇼핑몰에서 자리를 잡아가고 있었다.

그때 깨달았다. 내가 잘하는 일이라고 생각해서 나는 별다른 노력을 하지 않았다. 그래서 처음 몇 년은 별 노력 없이도 사업이 나쁘지 않게 흘러갔다. 그런데 그 이후부터 내가 설 자리는 없었다. 자본력 좋고 기획력 좋은 대형 회사들이 온라인 쇼핑몰을 장악하기 시작했다. 그들도 처음부터 그랬던 것은 아니었다. 내가 안일하게 내 패션 센스만 믿고 있을 때 여러 방편으로 시도하고 노력해서 큰 회사를 이루어낸 것이다.

그때에 나는 큰 깨달음을 얻었다. 내가 자신있다고 생각해서 새로운 시도와 노력을 할 생각을 하지 않았고 그것이 지금의 내 모습을 만들었다는 것을 알게 되었다. 그 이후부터 내가 한 번도 해본 적 없는 분야에 도전해보고 싶었다. 나도 그들처럼 열정을 가지고 무에서 유를 창출해보고 싶었다.

명품 도매업을 하며 해외에 바잉을 다니는 일을 하며 지냈지만 내가 영어를 가르쳐야겠다는 생각을 해본 적은 한 번도 없었다. 학창 시절 유독 영어를 좋아해서 학원을 다니지 않고도 영어를 곧잘 해왔지만 내가 영어를 가르치는 일을 직업으로 가지게 될 것이라는 생각은 단 한 번도 한 적이 없었다. 우연치 않게 만난 영어 프로그램으로 시작된 나의 영어 교습소가 지금의 대형 어학원이 될 것이라고는 더욱더 생각해본 적이 없었다.

내가 이렇게 이를 악물고 도전했던 이유는 단 하나였다. 자신 있는 분야가 아니었기 때문이다. 전공을 한 것도 아니었고, 다른 선생님들처럼 해외에서 오랫동안 살아본 것도 아니기 때문이다. 그래서 도전을 할 때마다 두려웠다. 두려움의 연속이었다.

그 두려움을 깨기 위해서 정말 피나는 노력을 했다. 그 동안 티칭 자격증을 3개 취득했다. 내가 전공자가 아닌 이유로 더 성공하지 못할까 봐 너무 두려웠다. 그래서 할 수 있는 그 이상의 것들에 도전하며 새로운 꿈을 세우고 그것을 향해 달려갔다. 그 길을 달려가며 외롭고 많이 힘들었다. 내가 스스로 만들어야 할 것들이 너무 많았다. 아무도 알려주지 않았다. 매일 검색해서 찾아보고 배워나가야 할 것들을 또 배웠다. 정말 열심히 했다. 무에서 유를 창출하는 것은 너무 힘들었다. 그렇다고 프랜차이즈 어학원을 운영하고 싶지는 않았다.

아이들마다 성향과 실력이 다 다른데 큰 틀에 아이들을 맞춰 넣고 싶지 않았다. 나의 그런 소신 때문에 지금의 내가 있다고 생각한다. 나는 요즘 나의 과거를 되돌아보며 이런 생각들을 해본다. '그때의 내가 두렵지 않았다면 이렇게 피나는 노력을 했을까? 내 능력 이상의 것들을 해낼 수 있었을까? 정말 열심히 살았다.'라는 생각이 들었다.

내가 더 이상 두렵지 않고 확신에 찬 상태에 있기 위해서 어학원을 시작한 이후부터는 마음놓고 편하게 잠을 자본 적이 없다. 잠을 잘 때도 '어떻게 잘 가르칠 수 있을까?'로 생각의 꼬리에 꼬리를 물고 결국 컴퓨터 앞에 앉아서 다시 또 자료를 만들기를 반복했다.

그런 나를 보고 엄마는 이야기하셨다. 니가 이런 열정이 있다는 걸 알았다면 어릴 때 미국으로 유학을 보내줄 걸 그랬다고 말이다. 영어를 좋아하긴 했어도 '외국에 나가서 공부를 하고 싶다'까지는 아니었다. 그런 내가 지금 영어를 전공 삼아 학원을 운영하려 하니 더 많은 공부가 필요했다.

나는 내 자신과 나의 학원 커리큘럼에 대해 확신이 있다. 늘 확신에 찬 상태에서 더 좋은 프로그램을 연구하고 또 연구한다. 나는 선생님들과 함께 아이들에게 티칭하는 방법도 늘 공유하고 연구한다. 몇 년간 잠도 한숨 자지 않고 1년에 미국을 두 번씩 나가며 미국 아이들의 수업 방법을 보고 배우고 우리 아이들에 맞게 수정하고 그것들을 하나씩 만들어가는 데 정말 많은 노력을 했고 미국의 학교에서 우리 프로그램에 대한 확신을 얻었기 때문에 더욱더 자신감이 생긴다. 이렇게 나를 움직이게 만든 것은 내가 이 분야를 잘 몰라서 잘하지 못하면 안 된다는 두려움 때문이었다. 두려움을 없애려고 부단히 노력하다 보니 이제 그 두려움의 자리가 자신감으로 가득 차 있다.

많은 사람들이 두려워하는 일을 하는 것을 두려워한다. 쉬운 길을 두고 굳이 어려운 길을 갈 필요가 없기 때문이다. 그래서 큰 꿈을 안고 살아가기보다는 그냥 평범한 길을 선택해서 아무런 두려움도 느끼지 않고 살아간다.

누군가가 부자가 되고 싶다고 하면 나는 자신이 두려워하는 길을 가라고 이야기해주고 싶다. 전공을 한 사람보다 그 분야의 경험을 더 많이 한 사람이 전공자보다 훨씬 더 많은 노하우를 가지고 있다고 생각한다. 그러니 자신의 전공과는 관계없이 자신에게 가슴 설레고 너무 큰 꿈이라 두려운 정도의 꿈을 가지기를 바란다.

나처럼 두려움을 극복하기 위해 죽을힘을 다해 그 분야에 매진하게 된다. 그러면 결국 그 분야의 전문가가 될 수 있다. 나는 지금 어떤 대학의 영어 전공자와 티칭 스킬을 평가받는다고 해도 이길 자신이 있다. 적어도 영어를 가르치는 방법에 있어서는 말이다. 새로운 분야에 도전해서

설렘과 두려움을 안고 달려가는 길은 꼭 험한 것만은 아니다.

새로운 것을 배우고 알아가는 과정에서 많은 것들을 느끼게 되고 내가 성장하는 느낌이 들어 기분이 좋을 때도 많이 있다. 꼭 두려움이 나에게 부정적인 영향만 주는 것이 아니다.

두려움을 극복하면 그 뒤에 내가 한층 더 성숙해질 수 있는 기회가 제공되기도 한다.

이번에 나는 새로운 도전 책 쓰기를 하며 또 한 번의 두려움을 극복하고 있다. 나는 이제 새로운 도전을 하는 처음의 두려움이 너무 좋다. 이 긴장감이 나를 설레게 하고 더 열심히 달릴 수 있게 해주기 때문이다. 그래서 나는 이번에도 두려운 것을 선택했다. 두려움을 극복하고 이렇게 책을 쓰고 있다. 이 이후의 나의 삶이 궁금해지고 설레어온다.

나는 이런 느낌이 좋다. 새로운 도전을 하고 내 삶의 변화가 일어나는 순간을 느끼면 내가 살아 있다는 느낌이 든다. 내가 이 세상에서 제대로 역할을 하고 살아가고 있다는 느낌이다. 당신도 세상을 살아가면서 꼭 도전해보고 싶었지만 두려움 때문에 포기한 적이 있을 것이다. 만약 그런 것이 있다면 지금 당장 도전해보길 바란다.

내가 말하는 두려움을 극복한 뒤에 나에게 찾아오는 그 기분을 당신도 꼭 느껴보길 바란다. 그리고 또 한 번의 두려움을 극복하여 다른 분야에서도 전문가가 될 수 있기를 바란다.

요즘 시대에 지금 나의 직장이 평생직장이라고 생각하고 살아가는 사람은 많지 않다. 새로운 직업을 찾는 데 있어 두려움이 가득하기 때문에 마음에 들지 않아도 나오지 못하고 시간만 허비하고 있는 것이다. 그리고 용기를 낼 때쯤엔 이미 새로운 도전을 하기에 늦은 나이가 되고 마는 경우들이 많이 있다.

내가 새로운 도전을 시작하고 두려움을 극복하기 위해 여러 방법들을 사용하며 이루어내는 결과들을 보면 누구나 할 수 있다고 생각한다.

나는 정말 평범한 사람이다. 특별한 스펙이나 능력을 가지고 있지 않다. 오직 성공하겠다는 마음 하나로 지금까지 달려오고 있다. 그러니 당신도 나의 책을 읽고 당신이 원하는 인생을 살겠다고 결심하고 새로운 인생을 멋지게 살기를 진심으로 바란다.

그 과정에 도움이 필요하다면 언제든지 나에게 문의해도 좋다. 나는 내 도움이 필요한 곳이 있다면 도움을 주고 세상에 선한 영향력을 줄 수 있는 사람으로 평생 살아가고 싶다. 그것이 내가 진정으로 원하는 성공이고, 나의 인생의 목표이기 때문이다.

내가 무에서 유를 창출할 수 있었던 이유 중 가장 핵심은 나의 목표를 크게 생각했기 때문이다.

'결국 크게 생각하는 사람이 크게 이룬다.'

나는 오늘도 **내가 원하는 생각**만 한다

지금 이 글을 쓰며 나의 3년을 되돌아보았다. 쉬지 않고 꿈과 목표를 향해 달려온 시간이다. 3년이라는 시간이 어떻게 지나갔는지 모를 정도로 정말 많은 것들을 이루어왔다. 아침에 일어나서부터 잠자는 순간까지 내가 원하는 생각만 하며 보내온 결과이다. 내가 원하는 생각만 하다 보니 원하지 않는 생각들은 들어올 틈이 없었다.

'생각이 현실이 된다.'라는 말을 굳게 믿고 내 생각들을 컨트롤하며 하나씩 행동으로 옮긴 결과들이 쏟아져나왔다. '자고 일어나면 내가 원하는 것이 이루어진다'고 생각할 정도로 빠르게 결과가 나왔다. 그래서 여동생들은 나를 '지니'라고 부른다.

너무 재미있지 않은가?

동화 같은 이야기가 나의 현실에서는 정말 일어나고 있으니 말이다. 나도 내 인생이 요즘 너무 재미있다. 이렇게 재미있을 줄 알았더라면 좀 더 일찍 즐길 준비를 했으면 좋았을 것이라 안타까워한다.

내일은 또 어떠한 일이 나를 기다리고 있을지 하루하루가 기대되고 설렌다. '내일이 제발 안 왔으면 좋겠다. 제발 오늘 밤으로 시간이 멈춰버리면 좋겠다'고 생각했던 것이 이렇게 변화할 수 있다니 신기할 따름이다.

나의 성공이 부러운 지인들은 "운이 좋아서 그렇지 뭐."라는 말을 한다. 맞는 말이다. 나는 운이 좋은 사람이다. 운이 좋은 사람이라고 생각하고 그렇게 되려 노력을 했다. 그래서 운이 좋은 사람이 되었고 무엇을 해도 잘되는 사람이 되었다.

예전에는 '운도 실력이다.'라는 말을 믿지 않았다. 내가 운이 없다고 생각할 때에 말이다. 하지만 이제 그 말이 백 번 아니 천 번 맞다고 생각한다. 운도 실력인 것이 맞다. 운을 좋게 하려면 그에 맞는 노력이 동반되어야 한다. 노력했으니 실력이 있는 것이 당연한 것 아니겠는가?

혹시 당신도 자신과 다른 삶을 사는 누군가가 단순히 운이 좋아서 그렇다고 생각하고 자신을 합리화하고 있다면 지금 당장 생각을 고쳐야 한다. 누군가가 운이 좋다면 당신도 운을 좋게 만들 수 있다. 부러워하고 질투할 시간에 당신이 지금 어떤 생각을 하고 있는지 돌아봐야 한다.

생각을 변화시키는 방법을 공부하고, 하나씩 실천했다. 매일 꾸준히 생각 공부를 하고 실행에 옮긴 것뿐인데 인생이 변했다.

너무 쉽지 않은가? 배우고 실천만 하면 된다. 나의 책 속에 제대로 생각하는 방법과 그 생각을 행동으로 옮기는 방법에 대해 안내하였다. 그리고 앞으로 생각 공부에 대해 더 많은 교육과 강연을 해나갈 것이다.

내가 누군가의 인생을 변화시켜줄 수 있는 영향력을 가진 사람이 되는 것, 그것이 나의 꿈이기 때문이다. 나 또한 꿈을 이루기 위해서 앞으로 더 다양한 도전을 하며 새로운 깨달음과 비법을 터득하길 바라며 달려나갈 것이다.

마지막으로 이 책을 읽을 당신에게 한 번 더 알려주고 싶다. 내가 했으면 당신도 해낼 수 있다. 단 이것만 기억하자.

생각도 배워야 한다.

생각에도 공부가 필요하다.

배우고, 실천하자.

그것이 모든 성공자가 해낸 과정이다.

당신도 크게 생각하고 크게 이룰 수 있다.

당신의 큰 꿈을 응원하며

박가람